Petit dictionnaire de la vie scolaire et universitaire

Français-Allemand
Allemand-Français

Von Edwige und Martin Schlapbach

W0173187

Philipp Reclam jun. Stuttgart

RECLAMS UNIVERSAL-BIBLIOTHEK Nr. 19770
Alle Rechte vorbehalten
Copyright © 2009 Philipp Reclam jun. GmbH & Co., Stuttgart
Umschlaggraphik: Eva Knoll, Stuttgart
Gesamtherstellung: Reclam, Ditzingen. Printed in Germany 2009
RECLAM, UNIVERSAL-BIBLIOTHEK und RECLAMS
UNIVERSAL-BIBLIOTHEK sind eingetragene Marken
der Philipp Reclam jun. GmbH & Co., Stuttgart
ISBN 978-3-15-019770-7

www.reclam.de

Inhalt

Préface

Ce petit dictionnaire se propose d'être un guide pour tous ceux qui se voient confrontés au dédale de la vie scolaire et universitaire, par exemple les participants à un échange, les étudiants Erasmus, leurs professeurs, les étudiants stagiaires et les assistants de français et d'allemand.

Nous avons abordé non seulement la nomenclature administrative, mais encore les aspects non moins négligeables de l'hébergement, de la restauration, des loisirs etc.

Nous nous appuyons entre autres sur des publications existantes telles que *Les mots allemands*[1], *Studieren in Frankreich*[2], le dictionnaire *Begriffe aus Wissenschaft und Hochschule*[3] et la brochure d'information *Universität Paderborn*[4].

Nous tenons à souligner que nous avons été amenés à actualiser et à compléter un grand nombre d'entrées sans prétendre à l'exhaustivité.

Les traductions proposées sont attestées par la presse spécialisée[5] et confirmées par les natifs nommés ci-dessous.

Si nous avons choisi de répertorier une certaine quantité de termes entretemps dépassés, c'est qu'ils sont susceptibles d'être évoqués au cours de débats et dans des publications scientifiques.

Remerciements à: Antoine, Michel et Yannick Chabot; Anna-Susan Franke; Rita Hüls; Claire Isnard; Jutta Langenbacher-Liebgott; Josiane Morino-Chabot; Charlotte Perez; Carole Pocheton; Diana Schwieker.

Paderborn/Lippstadt, avril 2009

1 Joseph Barnier / Edmond Delage / Raymond-Fred Niemann, *Les mots allemands*, Paris: Hachette, 1974 [u. ö.].
2 *Studieren in Frankreich*, hrsg. von Dorothée Kovácsházy, Berlin: Centre d'Information et de Documentation Universitaire, 2004.
3 Heinz-Jürgen Vogels, *Wörterbuch Englisch, Französisch, Spanisch. Begrif-

Vorwort

Dieses kleine Wörterbuch möchte eine Orientierungshilfe sein für alle, die sich in dem Dschungel schulischer und universitärer Termini zurechtfinden müssen, z.B. für Austauschschüler, Erasmusstudenten, deren Lehrer und Professoren, Praktikanten und Fremdsprachenassistenten.

Hierbei sollen nicht nur administrative Begriffe, sondern auch nicht unwesentliche Aspekte des Schul- und Universitätslebens wie Unterbringung, Verpflegung, Freizeitgestaltung etc. berücksichtigt werden.

Bei unserer Arbeit stützen wir uns u. a. auf Publikationen wie *Les mots allemands*[1], *Studieren in Frankreich*[2], das Wörterbuch *Begriffe aus Wissenschaft und Hochschule*[3] und die Informationsbroschüre *Universität Paderborn*[4].

Dabei ist anzumerken, dass wir viele Einträge aktualisiert und ergänzt haben, ohne einen Anspruch auf Vollständigkeit zu erheben.

Die vorgeschlagenen Übersetzungen sind durch einschlägige Presseveröffentlichungen[5] belegt und von den unten genannten Muttersprachlern bestätigt worden.

Es wurde auch eine Reihe inzwischen überholter Begriffe aufgenommen, da sie in Diskussionen und auch in neueren Publikationen immer noch verwendet werden.

Für freundliche Unterstützung danken wir: Antoine, Michel und Yannick Chabot; Anna-Susan Franke; Rita Hüls; Claire Isnard; Jutta Langenbacher-Liebgott; Josiane Morino-Chabot; Charlotte Perez; Carole Pocheton; Diana Schwieker.

Paderborn/Lippstadt, im April 2009

fe aus Wissenschaft und Hochschule, hrsg. vom Deutschen Akademischen Austauschdienst, Bielefeld: Bertelsmann, 1999.

4 *Universität Paderborn*, traduction française d'Edwige Schlapbach, Paderborn 1995.

5 Siehe das Literaturverzeichnis / cf. la bibliographie.

Index des abréviations

Verzeichnis der Abkürzungen

Index des encadrés

Verzeichnis der Infokästen

dans la partie «allemand-français»: entrée en allemand – texte explicatif en langue française

im französisch-deutschen Teil: französisches Stichwort – Erklärung in deutscher Sprache

Français-Allemand · Französisch-Deutsch

A

abandon *m* des études	Studienabbruch *m*
abandonner ses/les études	sein/das Studium abbrechen
abibac *m*	Abibac *n* (*deutsch-französisches Abitur*)
absences *fpl*	Abwesenheit *f*; Fehlzeiten *fpl*
~ justifiées	entschuldigte Fehlzeiten *fpl*
~ répétées	häufige Fehlzeiten *fpl*
nombre *m* de journées d'absence: 3	hat an 3 Tagen gefehlt
nombre de demi-journées d'absence: 2	hat 2 halbe Tage gefehlt
absentéisme *m*	Absentismus *m*; häufiges Fehlen *n* im Unterricht; Schuldistanz *f pc*
académicien/ne *m/f*	Mitglied der ▶ Académie française
académie *f F* (▶ *encadré* système scolaire)	(regionale) Schulaufsichtsbehörde *f* (*Verwaltungseinheit für das gesamte Unterrichtswesen*)
Académie française (▶ *encadré*)	

accès *m* en ligne	Zugriff *m*
acclimatation *f*	Eingewöhnung *f*
accompagnement *m* éduca-tif	schulische Betreuung *f*
accorder (une bourse)	(ein Stipendium) gewähren
accréditation *f* d'une filière / d'un cursus	Akkreditierung *f* eines Studienganges

---

L'Académie française / Die Académie française

Die im Jahre 1635 unter Ludwig XIII. von Kardinal Richelieu gegründete *Académie française* besteht aus 40 gewählten Mitgliedern, den *académiciens*, auch *immortels* genannt. Sie wacht über die Reinheit und die Klarheit der französischen Sprache, indem sie die Normen für Wortschatz und Grammatik festlegt. Das von der *Académie française* herausgegebene Wörterbuch hinkt allerdings dem Sprachgebrauch hinterher; zurzeit ist die 9. Auflage in Arbeit. Die schon im 17. Jahrhundert geplante Grammatik erschien erst 1931 und ist lückenhaft; die ursprünglich vorgesehene *Poétique et Rhétorique* ist nie erschienen.

Wenn ein Mitglied der *Académie française* stirbt, wählen die übrigen einen Nachfolger, der vom Staatspräsidenten bestätigt werden muss. Die erste weibliche *académicienne* wurde 1980 aufgenommen.

Unter dem Vorsitz ihres *secrétaire perpétuel* (oder ihrer *secrétaire perpétuelle*) tagen die Mitglieder der *Académie* jeden Donnerstag im Kuppelsaal (*sous la coupole*) des ▶ *Institut de France* am Quai de Conti in Paris.

accueil *m*	Empfang *m*
famille *f* d'~	Gastfamilie *m*
~ périscolaire	Schulhort *m*
acte *m* de naissance	Geburtsurkunde *f*
admission *f* ultérieure	Nachrückverfahren *n*
AD = admis/e	(hat) bestanden
AEU *f* = attestation *f* d'études universitaires	Studienbescheinigung *f*
affectaction *f* à un poste	Einweisung *f* an eine (Plan-)Stelle
affichage *m*	Aushang *m*
tableau *m* d'~	schwarzes Brett *n*
agence *f* immobilière	Maklerbüro *n*
agence *f* comptable	Universitätskasse *f*
agrégation *f* F	1. *nationaler Zulassungswettbewerb* (▸ concours) *für das Lehramt in der Sekundarstufe II und an bestimmten Hochschulen; Voraussetzung: licence* 2. *die dabei erworbene Berechtigung (verbunden mit Verbeamtung); Vorbereitung an einem* ▸ IUFM *oder einer* ▸ ENS
agrégé/e *m/f*	*verbeamteter Lehrer im Schul- oder Hochschuldienst, der seine Lehr-*

	erlaubnis durch das Be-stehen der ▶ agrégation *erworben hat* (▶ *Infokasten* concours)
aide *f* financière	Zuschuss *m*
AJ = ajourné/e	zurückgestellt (*bis zum nächsten Prüfungstermin*)
ajourner (un candidat)	(*einen Kandidaten bis zum nächsten Prüfungster-min*) zurückstellen
allocation *f* logement	Wohngeld *n* (*zu beantragen bei der* ▶ CAF)
alternance *f* formation par ~	Abwechslung *f* duale(s) Ausbildung(s-system) *n*
amphithéâtre *m*	Hörsaal *m* (die Hörsäle *pl*)
anciens élèves *mpl* / anciens étudiants *mpl*	Alumni *mpl* / Ehemalige *mpl*
année *f* ~ scolaire (F: *de septem-bre à juillet*) ~ universitaire (F: *de septembre à juin*)	Jahr *n* Schuljahr *n* (D: *August/ September bis Juni/Juli*) Studienjahr *n*
ANPE *f* = Agence natio-nale pour l'emploi	≈ Agentur *f* für Arbeit
ANR *f* = Agence *f* natio-nale de la Recherche) (▶ *encadré*)	*staatliche Agentur zur För-derung der Forschung*

APL *f* F = aide *f* personnalisée au logement	Mietzuschuss *m* (*auch für ausländische Studenten*)
appartement *m*	Wohnung *f*
appliqué/e ◆ zélé/e	fleißig
appréciation *f*	Beurteilung *f*, Kurzkommentar *m* in einem Zeugnis
apprendre qc ~ qc à qn	etwas lernen jdm. etwas beibringen, jdn. etwas lehren
apprentissage *m* faire son ~	Lehre *f* (*eines Auszubildenden*) in der Lehre sein
arts *mpl* plastiques	Kunst *f* (*Fach*); Kunstunterricht *m*
assemblée *f* ~ générale des élèves	Versammlung *f* Schüler(voll)versammlung *f*

L'ANR / Die ANR

L'ANR, die *Agence nationale de la Recherche*, ist eine staatliche Verwaltungseinheit, die das Ziel hat, französische (sowohl öffentliche als auch private) Forschungsprojekte zu koordinieren und zu finanzieren. Sie beaufsichtigt und fördert nationale Forschungsinstitute wie das ▶ *CNRS*, das ▶ *INSERM* und das ▶ *CEA*. Sie wurde 2005 von der Regierung Raffarin gegründet, hat aber auch heftige Kritiker wie die Vereinigung *Sauvons la recherche*.

assidu/e	immer anwesend; fleißig
assiduité *f*	Gewissenhaftigkeit *f*; Strebsamkeit *f*; regelmäßige Anwesenheit *f*
assistant/e *m/f*	(Hochschul-)Assistent/in *m/f*
~ d'allemand / d'anglais / d'espagnol etc.	Fremdsprachenassistent/in *m/f*
~ d'éducation	Schulsozialarbeiter/in *m/f* (*untersteht dem* ▸CPE)
assister à un cours	eine Vorlesung besuchen/hören
association *f*	Verein *m*, Organisation *f*
~ générale des étudiants	AStA *m* = Allgemeiner Studierendenausschuss *m*
~ des parents d'élèves	Elternbeirat *f*
assurance *f*	Versicherung *f*
~ mobilière	Hausratversicherung
~ multirisques	Rundumversicherung
~ responsabilité civile	Haftpflichtversicherung
atelier *m*	Arbeitsgruppe *f*; Workshop *m*
ATER *m* = allocataire/attaché/e *m/f* temporaire d'enseignement et de recherche	wissenschaftliche Hilfskraft *f* / HIWI *m/f*
ATOS *m* = personnel *m* administratif, technique, ouvrier et de service	*nichtwissenschaftliches Personal, das von den Hochschulen beschäftigt wird*

ATSEM *acr m/f* = agent *m* territorial spécialisé des écoles maternelles	(*ausgebildete/r*) Kindergartenhelfer/in *m/f*
attestation *f* ~ d'inscription ~ de participation à un cours ~ d'assurance	Bescheinigung *f* Immatrikulationsbescheinigung *f* Teilnahmeschein *m* Versicherungsnachweis *m*
auditeur/auditrice *m/f* libre	Gasthörer/in *m/f*
autoapprentissage *m* centre *m* / espace *m* d'~	Selbststudium *n*; eigenverantwortliches Lernen *n* (EVL) Selbstlernzentrum *n*
autoécole *f* / auto-école *f* élève *m/f* d'~	Fahrschule *f* Fahrschüler/in *m/f*
autorisation *f* d'inscription (*dans une université*)	Zulassung *f* (zum Studium)
avancé/e étudiant/e *m/f* ~	fortgeschritten fortgeschrittene/r Student/in
avertissement *m* dernier ~ avant renvoi définitif	Verwarnung *f* letzte Verwarnung vor Schulverweis
AVS *m/f* = auxiliaire *m/f* de vie scolaire	*speziell ausgebildete Person, die sich während des Unterrichts um behinderte Schüler/innen kümmert*

B

bac *m* + 1; bac + 2 etc.	Abitur *n* (+ 1; + 2 etc.) Jahr(e) Studium
baccalauréat *m* / bac *m fam*	Abitur *n*; *Hochschulreife* f *nach der 12. Klasse* (terminale)*; das Abitur im Fach Französisch wird schon nach der 11. Klasse* (première) *abgelegt*
baccalauréat général: ~ ES (série économique et sociale) ~ L (série littéraire) ~ S (série scientifique)	allgemeine Hochschulreife: ~ mit wirtschaftlichem und sozialem Schwerpunkt ~ mit sprachlich-literarischem Schwerpunkt ~ mit naturwissenschaftlichem Schwerpunkt (*in Québec ist das* »baccalauréat« *ein Universitätsdiplom, das dem Bachelor entspricht*)
baccalauréat profession-nel / bac pro *fam*	Fachhochschulreife *f*; berufsbildendes Abitur
baccalauréat technique / technologique	Fachhochschulreife *f* mit technischem Schwerpunkt
bachelier *m* / **bachelière** *f*	Abiturient/in *m/f*
bahut *m fam* (= *collège et/ou lycée*)	Schule *f*, Penne *f fam*

bail *m* ◆ contrat *m* de location	Mietvertrag *m*
bailleur *m* / **bailleresse** *f* ◆ propriétaire	Mieter/in *m/f*
bâtiment *m*	Gebäude *n*
BDC *m* = brevet *m* des collèges (*ancmt* ▸ BEPC)	*Abschlussprüfung* m *des* ▸ collège; *abgelöst vom* ▸ DNB
bénévolat *m*	Ehrenamt *n*
bénévole *m/f*	ehrenamtliche/r Helfer/in
BEP *m* = Brevet *m* d'Études Professionnelles (▸ CAP)	Berufsschulabschluss *m* (*nächsthöhere Stufe der beruflichen Befähigung nach dem* ▸ CAP)
BEPC *m vx* = brevet d'études du premier cycle (▸ DNB)	*Abschlussprüfung* m *des* ▸ collège; *abgelöst vom* BDC, *dann vom* ▸ DNB
bibliothèque *f* de consultation	Präsenzbibliothek *f*
BIU *f* = bibliothèque *f* interuniversitaire	Fernleihe *f*
BNF *f* = Bibliothèque *f* nationale de France *F*	Französische Nationalbibliothek *f* (*in Paris*)
BO *m* = Bulletin *m* Officiel	Amtsblatt *n* des Kultusministeriums

Bologne	Bologna (*Universitätsstadt in Norditalien*)
réforme *f* de ~ / réforme *f* LMD (▶ *encadré*)	Bologna-Prozess *m* / Bologna-Reform *f*
bourse *f*	Stipendium *n*
accorder une ~	ein ~ gewähren
faire la demande d'une ~	ein ~ beantragen
~ d'études à l'étranger	Auslandsstipendium *n*
~ d'excellence	Begabtenstipendium *n*
~ de recrutement	Jobbörse *f*
boursier *m* / **boursière** *f*	Stipendiat/in *m/f*
brevet *m*	(Abschluss-)Zeugnis *n*; Schein
BTS *m* = brevet *m* de technicien supérieur *F*	*berufsbezogener Abschluss eines zweijährigen Kurzstudiums an einem* ▶ lycée *oder einer privaten Einrichtung; Übergang zur Universität möglich; praxisorientierter als ein* ▶ DUT
BU *f* = bibliothèque *f* universitaire	Universitätsbibliothek *f*
bulletin *m* (de notes) ◆ relevé *m* de notes	(Prüfungs-)Zeugnis *n*; Notenübersicht *f*
~ semestriel	Halbjahrszeugnis *n*
~ de fin d'année	Versetzungszeugnis *n*
~ de fin de scolarité	Abgangszeugnis *n*
bureau *m*	Amt *n*, Sekretariat *n*

~ de déclaration de domicile	Einwohnermeldeamt *n*
~ des inscriptions	Studentensekretariat *n* / Studierendensekretariat *n*

La réforme de Bologne / Die Bologna-Reform

Bologna ist der Name der norditalienischen Stadt, in der sich im Juni 1999 die Bildungsminister aus 29 Ländern trafen, um über eine Reform des Hochschulstudiums zu beraten. Das Ziel war, bis 2010 die unterschiedlichen Studiengänge zu vereinheitlichen, um Studierenden und Lehrenden den Aufenthalt an einer ausländischen Hochschule zu erleichtern und somit ihre Mobilität zu fördern und Potenzial zu bündeln. Die von Studierenden an ausländischen Hochschulen erbrachten Leistungen sollten, ebenso wie die Abschlüsse, vergleichbar werden, damit sie überall anerkannt werden können.

Die drei Abschlüsse, die in Zukunft in allen beteiligten Ländern Gültigkeit haben sollen, sind *Licence* (= Bachelor), *Master* und *Doctorat* (= Doktor), wobei die *Licence* (das Bachelordiplom) nach frühestens 3 Jahren erworben werden kann, ein Masterstudium mindestens 5 Jahre umfasst und die Promotion den Abschluss eines mindestens 8 Jahre dauernden Studiums bildet.

Die in Unterrichtsveranstaltungen erbrachten Leistungen sollen nach einem transparenten Leistungspunkte-System (= ECTS) durch Credit Points (*crédits européens*) bewertet werden.

Inzwischen haben 45 Staaten das Bologna-Protokoll unterzeichnet. Die Beschlüsse sind bisher nicht überall in gleichem Maße umgesetzt worden.

C

CA *m* = conseil *m* d'administration	Senat *m* (*akademisch*); Kuratorium *n*
cadres *mpl* supérieurs de la nation	Führungskräfte *fpl* der Nation
CAF *acr f* = caisse *f* d'allocations familiales *F*	Familienkasse *f* (*staatliche Hilfsorganisation für Familien*)
cafétéria *f* / cafèt' *f fam*	Cafeteria *f* / Cafete *f fam*
cagne *f* ▶ khâgne *F*	
cagneux/-euse *m/f* ▶ khâgneux/-euse *F*	
cahier *m* ~ de textes ~ journal	Heft *n*; Buch *n* Hausaufgabenheft *n* Klassenbuch *n*
calendrier *m* ◆ planning ~ des inscriptions	Terminplan *m* Einschreibefristen *fpl*
camarade *m/f* ~ de classe *éc* ~ d'études / de fac *univ*	Kamerad/in *m/f* Mitschüler/in *m/f* Kommilitone *m* / Kommilitonin *f*
campus *m* sur le ~	Campus *m* / Universitätsgelände *n* auf dem ~
candidat/e *m/f* ~ à l'examen	Kandidat/in *m/f* Prüfungskandidat/in *m/f*

~ au professorat (du primaire)	Lehramtsanwärter/in *m/f*
~ au professorat (du secondaire)	Lehramtskandidat/in *m/f*

cantine *f* scolaire	Schulkantine *f*

CAP *m* = certificat *m* d'aptitude professionnelle (▶BEP)	Berufsschulabschluss *m* (*unterste Stufe beruflicher Befähigung*)

CAPE *m* = certificat *m* d'aptitude au professorat de l'enseignement du premier degré *F*	1. *nationaler Zulassungswettbewerb* (▶concours) *für Grundschullehrer; Voraussetzung: licence* 2. *die dabei erworbene Berechtigung (verbunden mit Verbeamtung); Vorbereitung an einem* ▶IUFM

CAPES *acr m* = certificat *m* d'aptitude au professorat de l'enseignement secondaire *F*	1. *nationaler Zulassungswettbewerb* (▶concours) *für das Lehramt in der Sekundarstufe; Voraussetzung: licence* 2. *die dabei erworbene Berechtigung (verbunden mit Verbeamtung); Vorbereitung an einem* ▶IUFM

car *m* scolaire	Schulbus *m*

carnet *m*	Heft *n*; Buch *n*
~ de liaison	Schülerheft *n* (*Kontaktheft zwischen den Unter-*

	richtenden, der Schule und der Familie)
~ de notes	Zeugnis(heft)
~ de santé	Gesundheitspass *m* (*enthält alle gesundheitsrelevanten Daten seit der Geburt)*

carte *f*	Karte *f*
~ 12–25 F	*Bahncard für Jugendliche zwischen 12 und 25 Jahren*
~ d'étudiant	Studentenausweis *m* / Studierendenausweis *m*
~ européenne d'assurance maladie	europäische Gesundheitskarte *f*
~ jeune	*Ausweis, der Jugendlichen bis 25 Jahren zahlreiche Ermäßigungen gewährt*
~ scolaire	(Einteilung der Stadt in) Schulbezirke *mpl*
~ de séjour	Aufenthaltsgenehmigung *f* (*nur noch für Studierende aus Nicht-EU-Ländern obligatorisch)*
~ vitale	Krankenversicherungskarte *f*, Gesundheitskarte *f* (*ersetzt bald die Krankenversicherungskarte)*

cas *m* social	Sozialfall *m*

caution *f*	Kaution *f*

cautionneur *m* / **cautionneuse** *f*	Bürge *m* / Bürgin *f*

CC = charges *fpl* comprises	Warmmiete *f*
CFACI *f* = Chambre franco-allemande de commerce et d'industrie	DFIH *f* = Deutsch-Französische Industrie- und Handelskammer
CDD *m* = contrat *m* à durée déterminée	befristeter Arbeitsvertrag *m*
CDI *m* = centre *m* de documentation et d'information *éc, univ*	Mediathek *f*; Schulbibliothek *f*
CDI *m* = contrat *m* à durée indéterminée	unbefristeter Arbeitsvertrag *m*
CE1 *m* = cours *m* élémentaire première année	zweite Grundschulklasse *f*; zweites Schuljahr *n*; Klasse 2
CE2 *m* = cours *m* élémentaire deuxième année	dritte Grundschulklasse *f*; drittes Schuljahr *n*; Klasse 3
CEA *m* = Commissariat *m* à l'énergie atomique	Forschungszentrum *n* für Atomenergie
CECRL *m* = Cadre *m* européen commun de référence pour les langues (*rédigé par le Conseil de l'Europe dans le but de comparer les connaissances linguistiques et les résultats d'examens à l'échelle européenne*)	GERRS *m* = Gemeinsamer Europäischer Referenzrahmen für Sprachen

centre *m*	Zentrum *n*
~ de formation profes- sionnelle	Berufsfachschule *f*
~ de formation d'apprentis	Zentrum *n* zur Lehrlings- ausbildung, ≈ Teilzeit-Berufsschule *f*
certifié/e *m/f*	*verbeamteter Lehrer im* *Schuldienst, der seine* *Lehrerlaubnis durch das* *Bestehen des* ▸CAPES *erworben hat* (▸*Infokasten* concours)
certificat *m*	Bescheinigung *f*
~ de résidence	Meldebescheinigung *f*
~ d'aptitude à l'ensei- gnement	Lehrbefähigung *f*
~ de scolarité	Studienbescheinigung *f* (*gilt für ein ganzes Stu-* *dienjahr*)
CGE *f* = Conférence *f* des grandes écoles	Konferenz *f* der französi- schen Elitehochschulen
chahut *m fam*	Krach *m*; Radau *m fam*, undiszipliniertes Ver- halten *n*
chahuter *itr*	Krach *m* / Radau *m* ma- chen; den Unterricht (*durch undiszipliniertes* *Verhalten*) stören
~ un professeur	den Unterricht eines Lehrers (*durch undiszip-* *liniertes Verhalten*) stören

un prof chahuté / une prof chahutée	ein/e Lehrer/in, der/die sich nicht durchsetzen kann
chaire *f*	Lehrstuhl *m*
chambre *f*	Zimmer *n*
changement *m* ~ de filière ~ d'université	Wechsel *m*; Veränderung *f* Fachrichtungswechsel *m* Studienortwechsel *m*
charges *fpl* (loyer *m*) hors ~ (loyer *m*) ~ comprises	Nebenkosten *pl* Kaltmiete *f*; kalt Warmmiete *f*; warm
chargé/e *m/f* de cours *univ*	Lehrbeauftragte/r *f/m*
chauffage *m* central	ZH *f* = Zentralheizung *f*
chef *m* d'établissement	Schulleiter/in *m/f*
chercheur *m* / **chercheuse** *f*	Forscher/in *m/f*
CIAM *m* = Centre *m* international d'admission aux études du management *m F*	*Prüfungsorgan* m *für die Zulassung ausländischer Studenten/Studierender an den* grandes écoles de commerce ▸HEC, ESC
CIDU *m* = Centre *m* d'information et de documentation universitaire de l'ambassade de France à Berlin *F*	Informations- und Dokumentationszentrum *n* der französischen Botschaft in Berlin für das Studium in Frankreich
cinquième *f* (5ᵉ)	*zweite Klasse* f *des* ▸collège *(entspricht der Klasse* 7*)*

être en ~	in der zweiten Klasse des ▶collège sein
CIO *m* = Centre *m* d'information et d'orientation	BIZ *n* = Berufsinformationszentrum
CIRAC *m* = Centre *m* d'information et de recherche sur l'Allemagne contemporaine *F*	*französisches Informations- und Forschungszentrum* n *über das heutige Deutschland*
circulaire *f*	Erlass *m*
classe *f*	Klasse *f*
~ d'âge	Altersklasse *f*; Altersstufe *f*
~ de mer	Klassenfahrt *f* ans Meer
~ de neige	Klassenfahrt *f* zum Wintersport; Skilager *n*
~ verte	Wanderfahrt *f*; Schullandheimaufenthalt *m*
classes préparatoires aux grandes écoles ▶ CPGE	
CM *m* = cours *m* magistral	Vorlesung *f*
CM1 *m* = cours *m* moyen première année	vierte Grundschulklasse *f*; viertes Schuljahr *n*; Klasse 4
CM2 *m* = cours *m* moyen deuxième année	fünfte Grundschulklasse *f*; ≈ Klasse 5
CNAM *acr m* = Conservatoire *m* national des arts et métiers *F*	*staatliche Hochschule* f *und Weiterbildungseinrichtung* f *insbesondere für Ingenieurberufe*

CNE *m* = Comité *m* national d'évaluation *F*	*1985 gegründetes Gutachtergremium, das über Hochschulleinrichtungen regelmäßig Untersuchungsberichte veröffentlicht*
CNED *m* = Centre *m* national d'enseignement à distance	*nationales Zentrum* n *für Fernstudium*
CNESER *m* = Conseil *m* national de l'enseignement supérieur et de la recherche *F*	*beratendes Organ* n *für alle Hochschulgesetze und Reformpläne*
CNOUS *m* = Centre *m* national des œuvres universitaires et scolaires *F*	*Dachorganisation* f *der regionalen Studentenwerke, die für die direkte und indirekte Unterstützung der Studenten zuständig ist*

Le CNRS / Das CNRS

Das CNRS ist ein staatliches, von den Universitäten unabhängiges Forschungszentrum, an dem hochrangige Naturwissenschaftler, Mathematiker, Ingenieure und Techniker aller Bereiche Grundlagenforschung betreiben. Sein Ziel ist die Entwicklung und Koordinierung aller wissenschaftlichen Forschungsprojekte. Es wurde 1939 gegründet und untersteht dem *Ministère de la Recherche et de l'Espace* (Forschungs- und Raumfahrtministerium). Nachdem es 1959 neu strukturiert wurde, wird zurzeit wieder eine Reform in Angriff genommen.

CNRS *m* = Centre *m* national de la recherche scientifique *F* (▶*encadré*)	*staatliches Zentrum n für wissenschaftliche Forschung*
CNU *m* = Conseil *m* national des universités *F*	*zum Teil gewähltes, zum Teil vom Minister ernanntes Fachgremium n, das die Berufungsfähigkeit aller Bewerber um ein Hochschullehramt begutachtet*
code *m* de l'éducation	Schulrecht *n*
coefficient *m*	Anrechnungsfaktor *m*, Koeffizient *m*
coin *m* cuisine ◆ kitchenette *f*	KN = Kochnische *f*
collaboration *f* ◆ coopération	Zusammenarbeit *f*
collège *m* (unique)	Sekundarstufe *f* I (*als Gesamtschule organisiert; umfasst die Klassen 6–9*)
Collège *m* de France *F* (▶*encadré*)	*angesehene Pariser Lehr- und Forschungsstätte* f *in der Nähe der Sorbonne*
collégien/ne *m/f*	Schüler/in *m/f* eines ▶collège
colloque *m*	Kolloquium *n*
colocataire *m* / **colocatrice** *f*	Mitbewohner/in *m/f*

colocation *f*	WG *f* = Wohngemein- schaft *f*
vivre en ~	in einer WG wohnen

comité *m*	Gremium *n*
~ des examens	Prüfungsausschuss *m*

Le Collège de France / Das Collège de France

Das *Collège de France* ist eine Eigentümlichkeit des französischen Hochschulsystems. Es wurde 1530 von François Ier auf Anraten des großen Humanisten Guillaume Budé als eine von den Zwängen der Sorbonne befreite Institution gegründet und hieß zunächst *Collège des trois langues* (Griechisch, Lateinisch, Hebräisch). Die dort Lehrenden – 12 *lecteurs royaux* – wurden vom König selbst bezahlt, so dass sie ihren Unterricht kostenlos erteilen konnten. Unter Louis XIII wurde das *Collège* umbenannt in *Collège royal de France*. Eine Reihe von Disziplinen, z.B. Mathematik, Medizin, Philosophie, kamen zu den drei Sprachen hinzu. Zur Zeit der Revolution erhielt es seinen heutigen Namen.

Der Unterricht am *Collège de France* ist immer noch kostenlos. Sein Besuch steht im Prinzip jedem offen, setzt allerdings ein sehr hohes Bildungsniveau voraus.

Das *Collège de France* vergibt keine Abschlüsse. Die Lehrenden – Naturwissenschaftler, Historiker, Philosophen, Mediziner, Künstler, Musiker – stammen nicht alle aus dem universitären Bereich. Unter ihnen waren bzw. sind André-Marie Ampère, Jean-François Champollion, Jules Michelet, Henri Becquerel, Henri Bergson, Paul Valéry, Pierre Boulez.

compétence *f*	Kompetenz *f*; Fähigkeit *f*
~ pédagogique	pädagogische Fähigkeit/ Kompetenz
~ relationnelle	soziale Kompetenz
compétences *fpl* requises	Anforderungen *fpl*

comportement *m* en cas de conflit	Konfliktverhalten *n*

compte *m* courant	Girokonto *n*

concept *m*	Konzept *n*

concierge *m/f* (d'école)	Hausmeister/in *m/f*

concours *m*	(Aufnahme-)Prüfung *f*,
▶ examen d'entrée	Examen *n* (durch Aus-
(▶ *encadré*)	leseverfahren)

conditions *fpl*	Bedingungen *fpl*
~ d'admission	Zulassungsbestimmun- gen *fpl*
remplir les ~ d'admission	die Zulassungsbedingun- gen erfüllen
~ d'apprentissage	Lernbedingungen *fpl* / Lernmöglichkeiten *fpl*

conférence *f*	Konferenz *f*
~ des grandes écoles = CGE *f F*	~ der französischen Elitehochschulen

confirmation *f* de candida- ture	Bewerbungsbestätigung *f*

congés *mpl* universitaires	Semesterferien *fpl*, vor- lesungsfreie Zeit *fpl*

consciencieux/-euse	gewissenhaft

conseil *m*	Rat *m*; Ausschuss *m*; Konferenz *f*; Vertretung *f*
~ d'administration (CA) *m univ*	Senat *m*; Kuratorium *n*
~ d'administration *éc*	Verwaltungsrat *m* der Schule
~ de classe *éc*	Klassenkonferenz *f*
~ des délégués d'élèves *éc*	Schülervertretung *f*, SV *f*
~ de discipline *éc*	Disziplinarkonferenz *f*
~ d'école (maternelle)	Elternversammlung *f* (*im Kindergarten*)
~ d'études universitaires *univ*	Ausschuss *m* für Lehre und Forschung
~ d'orientation *éc*	(*Art*) *Klassenkonferenz, die über die Schullaufbahn des Schülers / der Schülerin berät*
~ des programmes *F*	(*staatliche*) *Richtlinienkommission f*
~ de surveillance *univ*	Hochschulrat *m*

Les concours / Das Zulassungsverfahren in Frankreich

Ein *concours* (eigentlich: Wettbewerb) entscheidet in der Regel über die Übernahme eines Lehramtskandidaten in den Staatsdienst. Wenn in einem Schuljahr 200 Planstellen zu besetzen sind, werden die 200 zukünftigen Planstelleninhaber durch diesen *concours* (z. B. das *CAPES* oder die *agrégation*) ermittelt. Wer durchfällt, kann sein Glück im jeweils darauffolgenden Jahr und beliebig oft versuchen. Die *concours* bilden meist auch das Auswahlverfahren beim Zugang zu den ▸ *grandes écoles*.

conseiller *m* / **conseillère** *f*	Berater/in *m/f*
~ d'orientation-psycho-logue ▶ COP *m/f*	*ausgebildete/r Schullauf-bahn- und Berufsbera-ter/in an Schulen*
~ d'orientation *univ*	Studienberater *m*
~ principal/e d'éducation ▶ CPE *m/f F* (*ancmt:* surveillant général)	*ausgebildeter pädagogi-scher Betreuer, der für die Aufsicht (▶ Infokasten* surveillance) *und Bera-tung außerhalb des Un-terrichts verantwortlich ist*

contestation *f* universitaire	Studentenprotest *m*

contrat *m* de location ◆ bail	Mietvertrag *m*

contrôle *m*	Kontrolle *f*
~ des connaissances	Leistungskontrolle *f*
~ continu	studienbegleitende kon-tinuierliche Leistungs-kontrolle *f*

convention *f* de stage *F*	Praktikumsvereinbarungen *fpl* (*Vertrag* m *mit der Ausbildungsstätte des Praktikanten*)

coopération *f* ◆ collaboration	Zusammenarbeit *f*

COP *acr m/f* ▶ conseiller/conseillère *m/f* d'orienta-tion-psychologue	*ausgebildete/r Schullauf-bahn- und Berufsberater/in* m/f *an Schulen und am* ▶ CIO

copie *f*	Kopie *f*
~ (d'examen)	Klausur *f*, Klassenarbeit *f*

rendre sa ~	seine Klassenarbeit abgeben
ramasser les ~	die Klassenarbeiten einsammeln

correspondant/e *m/f* / corres *m/f fam*	Austauschschüler/in *m/f*; Brieffreund/in *m/f*
corps *m* enseignant	Lehrkörper *m* / Lehrerschaft *f*
cotutelle *f*	deutsch-französische Betreuung *f* einer Doktorarbeit
couche *f*	Schicht *f*
couches *fpl* sociales	soziale Schichten *fpl*
cours *m*	(Unterrichts-)Veranstaltung *f*, Kurs *m*
~ de langue	Sprachkurs *m*
~ magistral	Vorlesung *f*
~ passerelle	Brückenkurs *m*
coût *m* de la vie	Lebenshaltungskosten *fpl*
CP *m* = cours *m* préparatoire	erste Grundschulklasse *f*; erstes Schuljahr *n*; Klasse 1
CPAM *f* = caisse *f* primaire d'assurance maladie	Ortskrankenkasse *f*
CPE *m/f* = conseiller/ conseillère *m/f* principal/e d'éducation	Betreuer/in *m/f* (*ausgebildeter pädagogischer Betreuer, der für die Aufsicht (▶ Infokasten surveillance) und Beratung*

außerhalb des Unterrichts
verantwortlich ist)
▶ vie scolaire

CPGE *fpl* = classes *fpl* préparatoires aux grandes écoles / classes prépas *fam* F

zweijährige Vorbereitungsklasse für das Studium an einer ▶ grande école; *wird von den Universitäten unter bestimmten Bedingungen als Grundstudium anerkannt; die Vorbereitungsklasse für die ENS wird als* ▶ khâgne *bezeichnet, das erste Jahr dieser zweijährigen Klasse als* ▶ hypokhâgne

---

CPHEC *f* = classe *f* préparatoire au haut enseignement commercial *F*

zweijährige Vorbereitungsklasse auf das Studium an der ▶ HEC *(Elitehochschule für Wirtschaft)*

CPU *f* = conférence *f* des présidents d'universités *F*

HRK *f* = Hochschulrektorenkonferenz *f* D

---

crèche *f* ◆ garderie *f*

(Kinder-)Krippe *f*

---

crédits *mpl* ECTS / crédits *mpl* européens (▶ *encadré* Bologne)

Credits *mpl fam*, Kreditpunkte *mpl*, Leistungspunkte *mpl*

CROUS *acr m* = centre *m* régional des œuvres universitaires et scolaires *F*

regionales Studentenwerk *n*

CSL *fpl* = communication *f* et sciences du langage *univ*

Linguistik *f*

CTC *fpl* = compétences *fpl* transversales et complémentaires (*sens de la communication, flexibilité, esprit de corps*)

Soft Skills / Sekundärtugenden *fpl* (*Kommunikationsfähigkeit, Flexibilität, Teamfähigkeit*)

CTI *f* = commission *f* des titres d'ingénieur *F*

Kommission f, *die die Qualität der Ausbildung und der Diplome der verschiedenen Ingenieurhochschulen überprüft*

CUEP *m* = centre *m* universitaire d'éducation permanente *F*

universitäres Fortbildungszentrum n

CUIO *f* = cellule *f* universitaire d'information et d'orientation

Studien- und Berufsberatungsstelle f *an den Hochschulen*

---

culture *f*
~ générale

Bildung *f*
Allgemeinbildung *f*

---

cursus *m*
~ universitaire intégré

Studiengang *m*
integrierter Studiengang *m*

CV *m* = curriculum vitae

Lebenslauf *m*

---

cycle *m éc*
premier ~
▸collège
second/deuxième ~
▸lycée
~ d'observation

Stufe *f*
Sekundarstufe I (Sek. I),
Unter- und Mittelstufe
Sekundarstufe II (Sek. II), Oberstufe
Beobachtungsstufe; Erprobungsstufe (*1. und 2. Jahr des* ▸collège)

~ d'orientation	Orientierungsstufe (*3. und 4. Jahr des* ▶collège)

cycle *m univ*	Studienabschnitt *m*
premier ~	Grundstudium *vx* (▶DEUG *vx*, licence 1)
deuxième ~	Hauptstudium *vx* (▶maîtrise *vx*, master 1)
troisième ~	Aufbaustudium

cycles *mpl* universi- taires LMD *univ*: licence: bac + 3; master: bac + 5; doctorat: bac + 8	Bachelor / Master / Doktor (▶*Infokasten* Bologne)

D

DAEU *m* = diplôme *m* d'accès aux études universitaires	allgemeine Hochschulreife *f*, Fachhochschulreife *f* (*nachgeholt*)
DALF *acr m* = diplôme *m* approfondi de langue française	*staatlich anerkanntes Diplom* n in *Französisch (höheres Niveau); an* ▶GERS *angepasst*
DARIC *acr m* = délégué/e *m/f* académique aux relations internationales et à la coopération	Mitarbeiter/in *m/f* im Akademischen Auslandsamt (AAA)
date *f* ~ limite de dépôt de candidature ~ de l'examen	Datum *n* Bewerbungsschluss *m* Prüfungstermin *m*
DCEM *m* = deuxième cycle *m* des études médicales	*Hauptstudium* n *der Arztausbildung*
DEA *m* = diplôme *m* d'études approfondies *vx* ▶master recherche	*einjähriges Aufbaustudium nach der* ▶ maîtrise; *bereitet Doktoranden auf ihre Forschungsarbeit vor* (▶*Infokasten* Bologne)
débouchés *mpl*	Berufsmöglichkeiten *fpl*
décalé/e ~ par rapport au culturel *pc*	nicht im Einklang bildungsfern *pc*

décrochage *m* (scolaire)	Schulversagen *n*
décrocher *itr*	den Anschluss verpassen; nicht mehr mitkommen
~ le bac *fam*	das Abitur schaffen/bekommen
défavorisé/e	benachteiligt
couches *fpl* sociales défavorisées	sozial schwache Schichten *fpl*
défi *m*	Herausforderung *f*
délai *m* d'inscription	Einschreibefrist *f*
délégué/e *m/f*	Abgeordnete/r *f/m*; Vertreter/in *m/f* (*in einem Gremium*)
~ de classe	Klassensprecher/in *m/f*
~ des élèves	Schülervertreter/in *m/f*
~ des parents d'élèves	Elternvertreter/in *m/f*
DELF *m* = diplôme *m* élémentaire de langue française	*staatlich anerkanntes Diplom in Grundlagenfranzösisch; an* ▶ GERS *angepasst*
délivrer un diplôme	ein Diplom *n* verleihen
demande *f*	Antrag *m*
~ d'admission aux études	Antrag auf Zulassung zum Studium
~ de subvention	Antrag auf Zuschuss
demander	beantragen
~ une bourse	ein Stipendium ~
démarches *fpl* administratives	Behördengänge *mpl*

demi-pensionnaire *m/f*	*Schüler/in* m/f, *der/die sein/ ihr Mittagessen in der Schulkantine einnimmt*
démotivation *f* graphique *pc*	Schreibfaulheit *f*
dépassé/e	überfordert
déposer ~ son dossier	ablegen; einreichen seine Unterlagen *fpl* einreichen
DESCAF *acr m* = diplôme *m* d'études supérieures commerciales, administratives et financières *F*	*Abschluss* m *eines Fachhochschulstudiums mit wirtschaftlichem Schwerpunkt*
déscolarisé/e *pc F*	*trotz der Schulpflicht der Schule fernbleibend*
DESS *m* = diplôme d'études supérieures spécialisées *vx* ◆ master professionnel	*einjähriges Aufbaustudium nach der* ▸ *maîtrise; bereitet auf Tätigkeiten vor, die sehr gute Fachkenntnisse erfordern*
DEUG *acr m* = diplôme *m* d'études universitaires générales (bac + 2) *vx*	≈ Zwischenprüfung *f*, Vordiplom *n* (▸ *Infokasten* Bologna-Reform)
DEUST *m* = diplôme *m* d'études universitaires scientifiques et techniques *F*	*Abschluss eines zweijährigen Fachhochschulstudiums mit technischem Schwerpunkt*
devoir *m* ~ supplémentaire ~ surveillé (DS *m*)	Pflicht *f*, Aufgabe *f* Strafarbeit *f* Klausur *f* (*in der Sek. II*)

devoirs *mpl*	Hausaufgaben *fpl*
diplôme *m* délivrer un ~ reconnaître ~ ~ universitaire	Diplom *n*, Abschluss *m* ein Diplom verleihen ein Diplom / einen Abschluss anerkennen Hochschulabschluss *m*
diplômé/e *m/f*	Absolvent/in *m/f*
directeur *m* / **directrice** *f* adjoint/e ◆ vice-doyen/ne *m/f univ*	Prodekan/in *m/f*
directeur *m* / **directrice** *f* ~ d'école élémentaire/ primaire ~ d'école élémentaire adjoint/e ~ de thèse	Direktor/in *m/f* Grundschulrektor/in *m/f* Konrektor/in *m/f* Doktorvater *m* / Doktormutter *f*
directives *fpl* ◆ programme	Richtlinien *fpl*; Lehrplan *m*; Programm *n*
discipline *f* ◆ spécialité	Fachgebiet *n*, Fachrichtung *f*
dissipé/e	unaufmerksam, abgelenkt
DNB = diplôme *m* national du brevet (*ancmt* ▸ BDC)	*Abschlussprüfung* m *des* ▸ collège
doctorant/e *m/f* ◆ thésard/e *m/f*	Doktorand/in *m/f*
doctorat *m*	Promotion *f*; Promotionsverfahren *n* (*Vorausset-*

~ d'État (DE) ▸ HDR	*zung:* ▸ master recherche) Habilitation
documentaliste *m/f*	*Person, die in einer Mediathek beschäftigt ist*
don *m*	Begabung *f*
donner un cours	eine Vorlesung *f* halten
dossier *m* de candidature	Bewerbungsunterlagen *fpl*
doyen/ne *m/f*	Dekan/in *m/f*
droits *mpl* universitaires / d'inscription	Studiengebühren *fpl*, Einschreibegebühren *fpl*
DS *m* = devoir *m* surveillé	Klausur *f* (*in der Sek. II*)
DSE *m* = dossier *m* social étudiant *F*	*Akte mit Angaben zur Person des Studierenden; dient als Antragsformular für Zuschüsse*
DUT *m* = diplôme *m* universitaire de technologie	*berufsqualifizierender Abschluss eines zweijährigen Kurzstudiums an einem* ▸ IUT; *der Übergang zur Universität oder zu einer* grande école *ist mit diesem Abschluss unter bestimmten Voraussetzungen möglich*

E

EAD *m* = enseignement *m* à distance	Fernstudium *n*
EC *f* = École centrale	*Elitehochschule zur Ausbildung von Ingenieuren* (▶CPGE; concours)
échange *m* scolaire	Schüleraustausch *m*
échec *m* scolaire	Schulversagen *n*
élève *m/f* en situation d'échec	gefährdete/r Schüler/in *m/f* (*Schüler/in, der/die in Gefahr ist, die Schule ohne Abschluss zu verlassen*)
récidiviste *m/f* de l'échec scolaire	Schulversager/in *m/f*
échouer	durchfallen
~ à un examen	bei einem Examen, einer Prüfung ~
école *f*	Schule *f*
~ à classe unique	Zwergschule *f*
~ maternelle; maternelle *f fam* (▶*encadré*)	(staatliche) Vorschule *f*; Kindergarten *m*
~ élémentaire	Grundschule *f*
~ primaire	
◆ école élémentaire	
~ supérieure de technologie / école *f* supérieure technique	*Fachhochschule* f *für technische und naturwissenschaftliche Berufe*

écolier *m* / **écolière** *f* *fam*	Grundschüler/in *m/f*
économie *f* (*matière*)	Wirtschaft *f*; VWL *f* (*als Studienfach*)
écrits *mpl*	das Schriftliche *n*

L'école maternelle / Die Vorschule

Die drei- bis vierjährige *école maternelle* (für Kinder vom 3. bis zum 6. Lebensjahr) ist mit einem deutschen Kindergarten nur bedingt vergleichbar. Sie untersteht dem Schulministerium (*MEN*) und ist kostenlos. Der Besuch der *école maternelle* ist zwar freiwillig, aber 99 % aller Kinder verbringen dort in der Regel die letzten beiden Jahre vor der Grundschulzeit.

Gewiss wird auch in Frankreich zu Beginn der Kindergartenzeit hauptsächlich gespielt, gemalt, gesungen mit dem Ziel, die Motorik und das Sozialverhalten der Kinder zu entwickeln, doch sehr bald setzt Vorschulunterricht ein (daher *école maternelle*), und im letzten Jahr vor der Grundschule stehen Vorübungen zum Lesen, Schreiben und Rechnen auf dem Programm.

Die Lehrerinnen und Lehrer der Vorschule haben die gleiche Ausbildung und die gleiche Vergütung wie die *professeurs des écoles* (Grundschullehrer); sie können selbst entscheiden, ob sie lieber in der Vorschule oder in der Grundschule unterrichten; sie können auch von einer zur anderen Schulform wechseln. Neben den *professeurs* gibt es deren Assistenten, die sogenannten *ATSEM* (*agent/e territorial/e spécialisé/e des écoles maternelles*), die den Kindern z.B. beim Waschen und Anziehen behilflich sind und mit ihnen spielen.

ECTS = *European Credits Transfer System* (système européen de transfert de crédits) (▶*encadré* Bologna-Reform)

ECTS *n* = *European Credits Transfer System*
◆ crédits ECTS

éducatif/ve
système *m* éducatif
politique *f* éducative

Bildungs…
Bildungssystem *n*
Bildungspolitik *f*

éducation *f*
~ civique *éc*

~ musicale *éc*
~ physique et sportive
= EPS *éc*

Erziehung *f*
Politik *f*, Gemeinschaftskunde (*als Schulfach*)
Musik *f* (*als Schulfach*)
Sport *m* (*als Schulfach*)

égalité *f*
~ des chances

Gleichheit *f*
Chancengleichheit

EHESS *f* = École *f* des hautes études en sciences sociales *F*

forschungsorientierte Graduiertenhochschule f

élaboration *f* (d'un concept)

Erarbeitung *f*; Ausarbeitung *f* (eines Konzepts)

élémentaire
école *f* ~
◆ école primaire

elementar; Grund…
Grundschule *f*

élève *m/f*

Schüler/in *m/f*

---

emploi *m* du temps

Stundenplan *m*

ENA *acr f* = École *f* nationale d'administration *F*

Elitehochschule f, *die eine kleine Zahl von Hochschulabsolventen für*

Führungsaufgaben in staatlichen Organen ausbildet (▶CPGE; concours)

ENC *f* = École *f* nationale des chartes *F*	*Elitehochschule* f, *führende Ausbildungs- und Forschungsstätte in den historischen Hilfswissenschaften (▶CPGE; concours)*
encadré *m*	Infokasten *m*
encadrement *m* personnel *m* d'~ taux *m* d'~	Betreuung *f* Betreuungspersonal *n* Lehrer-Schüler-Relation *f*
ENI *acr f* = École *f* nationale d'ingénieurs *F*	*Hochschule* f *mit 5-jähriger Ingenieursausbildung*
ENM *f* = École *f* nationale de la magistrature *F*	*Elithochschule* f *zur Ausbildung von Richtern (▶CPGE; concours)*
ENPC *f* = École *f* nationale des ponts et chaussées *F*	*Elitehochschule* f *im Bereich Bauwesen (▶CPGE; concours)*
ENS *f* = École *f* normale supérieure / Normale Sup *fam F*	*Elitehochschule* f *zur Ausbildung des Hochschullehrer-Nachwuchses (▶CPGE; concours)*
ENSM *f* = École *f* nationale supérieure des mines *F*	*Elitehochschule* f *zur Ausbildung von Ingenieuren (▶CPGE; concours)*

enseignant/e *m/f*	Lehrende/r *f/m*; Lehrkraft *f*
~ détaché/e	*vorübergehend mit anderen Aufgaben betraute/r Unterrichtende/r*

enseignant-chercheur *m* / **enseignante-chercheuse** *f*	Hochschullehrer/in *m/f*

enseignement *m*	Unterricht *m*; Lehre *f* (*an Schule und Universität*)
~ à distance (EAD) ◆ téléenseignement	Fernstudium
~ professionnel	Berufsbildung *f*; berufliche Bildung *f*
~ pré-élémentaire / pré-scolaire	Vorschulerziehung *f*
établissement *m* d'~ général	allgemeinbildende Schule *f*
~ séparé filles et garçons	Geschlechtertrennung *f*
~ supérieur	Hochschulwesen *n*

enseigner	lehren

entretien *m* (d'embauche)	Bewerbungsgespräch *n*

EP *f* = École polytechnique *F*	*Elitehochschule* f *für Ingenieurwissenschaften* (▶ CPGE; concours)

épreuve *f*	Prüfung *f*, Klausur *f*
~ anonyme	anonyme Prüfung
~ écrite	schriftliche Prüfung, Klausur
~ orale	mündliche Prüfung
~ pratique	Lehrprobe *f* (*eines Studienrefenrendars / einer Studienreferendarin*)

EPS *f* = éducation *f* physique et sportive	Sport(unterricht) *m*
équipe *f* de direction ◆ personnel *m* de direction	Schulleitung *f*
équipe *f* pédagogique (*professeurs, surveillants, direction*)	*die pädagogischen Betreuer* mpl
équivalence *f*	Gleichwertigkeit *f* (*Anerkennung gleichwertiger Module*)
ERASMUS *acr = European community action scheme for the mobility of university students*	*Programm der Europäischen Gemeinschaft zur Förderung von Studierendenmobilität und Zusammenarbeit im Hochschulwesen*
ESC *f* = École *f* supérieure du commerce	*Bezeichnung für z. T. staatlich anerkannte Hochschulen für BWL und Unternehmensführung*
ESM *f* = École *f* spéciale militaire (de Saint-Cyr)	*Elitehochschule* f *zur Ausbildung der Offiziere des französischen Heeres* (▶CPGE; concours)
espace *m* de travail en libre service	Selbstlernzentrum *n*
esprit *m* de corps	Teamgeist *m*

ESSEC *f* = École *f* supérieure des sciences économiques et commerciales	*Elitehochschule* f, *eine der führenden privaten Wirtschaftshochschulen* (▶CPGE; concours)
ESTP *f* = École *f* spéciale des travaux publics	*Elitehochschule* f *(privat) zur Ausbildung von Ingenieuren im Bereich Bauwesen* (▶CPGE; concours)
établissement *m* (scolaire)	Schule *f*
~ de formation	Bildungseinrichtung *f*
~ ghetto	Schule ohne soziale Mischung
~ privé	Privatschule *f*; Ersatzschule *f*
~ public	staatliche/öffentliche Schule
~ d'enseignement supérieur	Hochschule *f*
état *m* des lieux	Abnahme *f* der Wohnung / gemeinsame Begehung *f*; Übernahmeprotokoll *n*
études *fpl*	Studium *n*
faire des ~	studieren
faire des ~ d'allemand	Deutsch studieren
~ approfondies	Aufbaustudium *n* / Vertiefungsstudium *n*
~ complémentaires	Zusatzstudium *n*
~ courtes	Kurzstudium *m*
~ supplémentaires	Zusatzstudium *n*
~ universitaires	Hochschulstudium *n*

étudiant/e *m/f*	Student/in *m/f*
~ diplômé/e; diplômé/e *m/f*	Graduierte/r *m/f*
~ salarié/e	berufstätige/r Student/in *m/f*
~ tuteur *m* / tutrice *f*	Tutor/in *m/f*

évaluation *f*	Evaluation *f*; Beurteilung *f*
~ du niveau des élèves	Lernstandserhebungen *fpl*
~ des compétences	Leistungsbewertung *f*

examen *m*	Prüfung *f*; Examen *n*
~ blanc *éc, univ*	Probeklausur *f*
~ d'aptitude	Eignungstest *m*
~ d'entrée ▶ concours	Aufnahmeprüfung *f*
~ de fin d'année	Jahresabschlussprüfung *f*
~ de langue	Sprachprüfung *f*
~ de rattrapage *éc*	Nachprüfung *f* / Prüfung *f* zur Nachversetzung
~ de rattrapage *univ*	Wiederholungsklausur *f*

examinateur *m* / **examinatrice** *f*	Prüfer/in *m/f*

exclusion *f*	Verweis *m* von der Schule, Schulverweis *m*

excusé/e ◆ justifié/e	entschuldigt
absences *fpl* excusées/justifiées	entschuldigte Fehlzeiten *fpl*; vom Schüler / von der Schülerin nicht zu vertretende Fehlzeiten

exemplaire *m* en double ~	Exemplar *n*, Ausfertigung *f* in doppelter Ausfertigung
exigences *fpl*	Anforderungen *fpl*
exonération *f* des frais d'inscription	Gebührenfreiheit *f*
expériences *fpl* acquises à l'étranger	Auslandserfahrung *f*
exposé *m* faire un ~	Referat *n* ein Referat halten
externe *m/f*	Externe/r *f/m*; Schüler/in, der/die nicht im Internat der Schule wohnt

F

F1 *m* / **F2** *m* etc. (= familial 1 / 2 etc.) ◆ T1	1-Zimmer-, 2-Zimmerwohnung *f* usw.
fac *f fam* = faculté *f*	
faculté *f* ▸ UFR ~ de droit ~ des sciences écono- miques ~ de médecine ~ des lettres et sciences humaines ~ des sciences	Fakultät *f* Juristische Fakultät Fakultät für Wirtschafts- wissenschaften medizinische Fakultät philosophische Fakultät mathematisch-natur- wissenschaftliche Fa- kultät
FAI = frais *mpl* d'agence inclus	inkl. Maklergebühren *fpl*
faible	schwach; lernschwach
famille *f* d'accueil	Gastfamilie *f* (*eines Aus- tauschschülers / einer Austauschschülerin oder eines Gaststuden- ten / einer Gaststudentin*)
fiche *f* de synthèse	Handout *n*
filet *m* à mots ◆ Mind Mapping	Mind Mapping *n*
filière *f* ~ courte (▸BTS; DUT)	Studiengang *m* Kurzstudiengang *m*

finalité *f*	Ziel *n*; Schwerpunkt *m*
à ~ professionnelle	mit beruflichem Schwerpunkt
à ~ recherche	mit Forschungsschwerpunkt

financement *m* des études	Finanzierung *f* des Studiums

FLE *m* = français *m* langue étrangère *F*	Französisch als Fremdsprache *f*

FNEGE *f* = fondation *f* nationale pour l'enseignement de la gestion des entreprises *F*	*nationale Stiftung für den Unterricht des Betriebsmanagements*

fondamentaux *mpl*	Grundkenntnisse *fpl*; Elementarkenntnisse
savoirs *mpl* fondamentaux / premiers	Grundbildung (*Lesen, Schreiben, Rechnen*)

fondation *f* (privée)	Stiftung *f*

fonds *m*	Vermögen *n*; Gelder *npl*
~ de la bibliothèque	Literaturbestand *m*
~ privés *mpl*	private Gelder; Drittmittel *npl*
~ publics	öffentliche Gelder *npl*

formateur *m* / **formatrice** *f*	Ausbilder/in *m/f*
~ d'un/e professeur stagiaire	Fachleiter/in *m/f*

formation *f*	Ausbildung *f*; Schulung *f*
~ par alternance	duale(s) Ausbildung(ssystem) *n*

stage *m* de ~	Fortbildung(sveranstaltung) *f*; Lehrgang *m*
établissement *m* de ~	Bildungseinrichtung *f*
~ HTT (= hors temps de travail)	zweiter Bildungsweg *m*
~ professionnelle	Berufs(aus)bildung *f*
~ permanente/continue/ complémentaire	Fortbildung *f* / Weiterbildung *f*
~ universitaire	akademische Bildung *f*

formulaire *m*	Formular *n*
remplir un ~	ein ~ ausfüllen

forum *m* de recrutement	Jobbörse *f*

foyer *m* pour étudiants ◆ résidence universitaire	Studentenwohnheim *n*

frais *mpl*	Gebühren *fpl*
~ de scolarité	Studiengebühren *fpl*
~ d'inscription	Einschreibegebühren *fpl*

FSU *m* = fonds *m* de solidarité universitaire *F*	*Solidaritätsfonds* m *für finanzschwache Studenten*

fumiste *m/f fam* ◆ élève paresseux	faule/r Schüler/in *m/f*

G

---

garderie *f*   (Kinder-)Krippe *f*
  ◆ crèche

---

général/e   allgemein
l'enseignement *m*   die allgemeinbildenden
général   Schulen *fpl*

Les grandes écoles / Die französischen Elitehochschulen

Neben den Universitäten gibt es in Frankreich die *grandes écoles*, Elitehochschulen jeweils einer bestimmten Fachrichtung. Im Bereich der Ingenieurwissenschaften sind dies z.B. die *École polytechnique* (*EP*) in Palaiseau, die *École nationale des ponts et chaussées* (*ENPC*) in Marne-la-Vallée und Paris, die *École nationale supérieure de chimie de Paris* (*ENSCP*); im Bereich der Wirtschaft und Verwaltung die *Hautes études commerciales* (*HEC*) in Jouy-en-Josas und Paris; im Bereich der Geisteswissenschaften die *École normale supérieure de Paris* (*ENS*); im Bereich der Politikwissenschaften das *Institut d'études politiques* (*IEP*) in Paris und mehreren anderen Großstädten (immer noch bekannter unter dem Namen *Sciences Po*) und die *École nationale d'administration* (*ENA*) in Paris und Strasbourg.

Der Zugang zu den *grandes écoles* wird durch strenge Aufnahmeprüfungen (*concours*) geregelt, auf die sich die Studienplatzbewerber in zweijährigen *classes préparatoires* (kurz *classes prépas*) vorbereiten. ↗

Diese Vorbereitungskurse werden an ausgewählten *lycées* durchgeführt; den Unterricht geben *agrégé(e)s*, also Hochschullehrer und Gymnasiallehrer mit *agrégation*. Wenn ein Schüler nach dem Besuch der Vorbereitungskurse die Aufnahmeprüfung zur *grande école* nicht schafft, sind die beiden Jahre nicht verloren; sie werden ihm auf ein Universitätsstudium angerechnet und er kann sofort in L3 (das dritte Jahr der *licence*) einsteigen.

Die *grandes écoles* sind gekennzeichnet durch hohe Anforderungen, umfangreiche Stundenpläne, eine günstige Lehrer-Schüler-Relation, sehr gute Arbeitsbedingungen und ausgeprägtes Konkurrenzdenken unter den Studierenden. Ihre Absolventen können sicher sein, einen guten Arbeitsplatz zu finden, und dürfen sich zu den Führungskräften der Nation (*cadres supérieurs de la nation*) rechnen.

génie *m* civile *univ*	Bauingenieurswesen *n*
gestion *f* (*de qc*)	Verwaltung *f*; Verarbeitung *f*; Umgehen *n* (*mit etw*as)
~ des conflits	Konfliktbewältigung *f*
~ du stress	Stressbewältigung *f*; Belastbarkeit *f*
~ d'entreprise (*matière*)	BWL *f* = Betriebswirtschaftslehre *f*
gymnase *m*	Turnhalle *f*, Sporthalle *f*
géographie *f éc* salle *f* de ~	Geographie *f*; Erdkunde *f* Erdkunderaum *m*

grandes écoles *fpl F* (▶*encadré*)	Elitehochschulen *fpl*
groupe *m* ~ de travail ~ de révision ~ optionnel	Gruppe *f* Arbeitsgruppe *f* Lerngruppe *f* Kurs *m* / Kursgruppe *f*
guichet *m* de prêt (*dans une bibliothèque*)	Ausleihe (*in einer Biblio- thek*)

H

habilitation *f* (à l'enseignement supérieur)	Lehrbefähigung *f*
~ à diriger des recherches = HDR	Habilitation *f*
handicap *m* scolaire (le ~!)	Lernbehinderung *f*
harcèlement *m* moral (le ~!)	Mobbing *n*
hébergement *m*	Unterkunft *f*
HEC *f* = École *f* des hautes études commerciales	*Elitehochschule* f *für das Studium in BWL und Unternehmensführung (Business School)* (▶ CPGE; concours)
hétérogène	heterogen
heure *f* de cours	Unterrichtsstunde *f*
heures *fpl* d'absence	Fehlzeiten *fpl*, Fehlstunden *fpl*
HDR *f* = habilitation *f* à diriger des recherches (*ancmt* ▶ Doctorat d'État)	Habilitation *f*
homogène	homogen
hyperactif/-ive un enfant hyperactif	hyperaktiv ein hyperaktives Kind *n*; ein Kind, das an ▶ ADS

bzw. ▶ ADHS
(= Aufmerksamkeits-De-
fizit-Syndrom) leidet

---

hypokhâgne *f F*   *erste Klasse der* ▶ khâgne
être en ~   die erste Klasse der
                         khâgne besuchen

IEN *m* = inspecteur *m/f* de l'Éducation nationale	Schulrat *m*; Schulinspektor *m*
IEP *m* = Institut *m* d'études politiques ▸ Sciences Po *fam*	*Elitehochschule f für Politikwissenschaften* (▸ CPGE; concours)
immature un/e élève *m/f* ~	unreif ein/e unreife/r Schüler/in; ein/e Schüler/in mit Entwicklungsverzögerung *pc*
immigration *f* élève *m/f* issu/e de l'~ *pc*	Immigration *f*; Einwanderung *f* Schüler/in *mf* mit Migrationshintergrund *pc*
inamovible à vie	unkündbar
indiscipliné/e	undiszipliniert; unangepasst *pc*

L'infirmière scolaire / Die Schulkrankenschwester

Zu dem nicht-lehrenden Personal einer französischen Schule gehört auch die schulinterne Krankenschwester. Sie kümmert sich um die kranken oder kränkelnden Schülerinnen und Schüler, denn diese können meist nicht sofort von ihren Eltern abgeholt werden. Da ein *collège* bis zu 3000 Schüler haben kann, ist eine *infirmière* dort durchaus gut beschäftigt.

infirmière *f* scolaire *F* (▸ *encadré*)	Schulkrankenschwester *f*
inscription *f*	Einschreibung *f*; Anmeldung *f*
~ administrative	Immatrikulation *f*
~ pédagogique	Belegen *n*
première ~ administrative	Ersteinschreibung *f*
inscrire	einschreiben
s'~ (à une université)	sich (an einer Universi-

L'Institut de France / Das Institut de France

Das *Institut de France* wurde im Jahre 1795 von der *Convention* (der verfassunggebenden Versammlung) gegründet. Es besteht heute aus fünf Akademien (*académies*):

– der *Académie française* (gegr. 1635);
– der *Académie des inscriptions et belles-lettres* (gegr. 1663);
– der *Académie des sciences* (gegr. 1666);
– der *Académie des beaux-arts* (gegr. 1803);
– der *Académie des sciences morales et politiques* (gegr. 1832).

Nachdem das *Institut de France* zunächst im Louvre untergebracht war, verlegte Napoleon I. es 1805 in das staatliche Gebäude mit der Kuppel am Quai de Conti, wo es bis heute seinen Sitz hat.

Im Jahre 1992 wurde der deutsche Kardinal Joseph Ratzinger als »Assoziiertes Mitglied der Akademie der Moral- und Politikwissenschaften« in die Reihe der »Unsterblichen« des *Institut de France* aufgenommen.

	tät) immatrikulieren lassen
s'~ à un examen	sich zur Prüfung melden
INSEAD *m* = Institut *m* européen d'administration des affaires	*Elitehochschule* f *für das Studium in BWL und Unternehmensführung (Business School)* (▶ CPGE; concours)
INSERM *m* = Institut national de la santé et de la recherche médicale *F*	*staatliches Forschungsinstitut für Medizin und Gesundheit*
inspecteur *m* / **inspectrice** *f* (d'académie et de département)	≈ Schulrat *m*, Schulrätin *f*
institut *m*	Institut *n*
Institut *m* de France *F* (▶ *encadré*)	*staatliche Institution, die die fünf Akademien für Kunst und Wissenschaften zusammenfasst*
instituteur *m* / **institutrice** *f* ◆ professeur *m/f* des écoles; maître/maîtresse *m/f*	Kindergarten- und Grundschullehrer/in *m/f*
internat *m* (▶ *encadré*)	Internat *n*
interdisciplinaire	interdisziplinär, fächerübergreifend
interne *m/f*	Internatsschüler/in *m/f*; Schüler/in, der/die im Internat der Schule wohnt

interrogation *f* écrite	Klassenarbeit *f* (*in der Sek. I*)
IUFM *m* = institut *m* universitaire de formation des maîtres *F*	Studienseminar *n* (*Institution für die Ausbildung und Prüfungen für alle Lehrämter*)
IUP *m* = institut *m* universitaire professionnalisé *F*	*spezielles berufsbezogenes Institut* n *innerhalb bestimmter Universitäten; drei- bis fünfjähriges Aufbaustudium nach* ▶BTS; *Abschlüsse:* ▶ licence, master pro
IUT *m* = institut *m* universitaire de technologie *F*	Technische Fachhochschule mit zweijährigem Studium (*Abschluss:* ▶DUT)

Les internats / Internate

Neben einigen privaten Internatsschulen, in denen Schüler aufgrund ihrer besonderen familiären Situation oder zur speziellen Förderung bestimmter Begabungen das ganze Schuljahr über untergebracht sind, gibt es in Frankreich eine Reihe staatlicher Schulen, denen ein Internat angeschlossen ist. Letztere finden sich vor allem in Städten mit einem großen ländlichen Einzugsbereich. Damit den Schülern die tägliche weite Anreise erspart wird, bleiben sie die Woche über im Internat und verbringen in der Regel das Wochenende zu Hause. Für die Beaufsichtigung (▶*surveillance*) dieser Internatsschüler, z. B. beim Abendessen und nachts, sind die ▶*maîtres d'internat* zuständig.

J

job *m*	Job *m*
journée *f* porte ouverte	Tag *m* der offenen Tür
jumelage *m* universitaire	Hochschulpartnerschaft *f*
jumelé/e	Partner…
école *f* jumelée	Partnerschule *f*
ville *f* jumelée	Partnerstadt *f*
jury *m*	Prüfungsausschuss *m*
~ (*au bac*)	Fachprüfungsausschuss *m*
~ d'examen	Prüfungskommission *f*
~ de soutenance	Promotionsausschuss *m*
justificatif *m* de financement	Finanzierungsnachweis *m* (*für das Studium*)
justifié/e ◆ excusé/e	entschuldigt
absences *fpl* justifiées	entschuldigte / vom Schüler nicht zu vertretende Fehlzeiten

K

khâgne *f* / cagne *f fam* F	*(zweijährige) Vorbereitungsklasse für die* ▶École normale supérieure *(*▶hypokhâgne*)*
être en ~	die ~ besuchen
khâgneux/-euse *m/f fam* F	Schüler/in *m/f* der ▶*khâgne*
kitchenette *f* ◆ coin cuisine	Kochnische *f*

L

L1 / L2 / L3 être en L2	*erstes / zweites / drittes Studienjahr der* ▸ licence *im 2. Jahr ein Fach mit* licence-Abschluss *studieren*
laborantin/e *m/f F*	*Angestellte/r f/m, die/der im Labor naturwissenschaftliche Experimente vorbereitet*
lacune *f*	Lücke *f*; Bildungslücke *f*
laïc/laïque	laizistisch (*gemäß dem Prinzip der Trennung von Staat und Kirche*) (▸*Infokasten* laïcité)
laïcité *f* (▸*encadré*) ~ de l'enseignement principe *m* de la ~	Laizität *f*; Trennung *f* von Kirche und Staat religiöse Neutralität *f* (*der Schulen*) Laizitätsprinzip *n*
langue *f* ~ d'enseignement	Sprache *f* Unterrichtssprache *f*
langues *fpl* et cultures *univ*	Kulturwissenschaften *fpl*
largué/e être ~ *fam*	abgehängt nicht mehr mitkommen
LCE *fpl* = langues *fpl* et civilisations étrangères *F* ▸LLCE	

Le principe de la laïcité / Das Laizitätsprinzip

Im Jahre 1905 verabschiedete die französische Nationalversammlung das Gesetz zur Trennung von Kirche und Staat (*la loi de séparation des Églises et de l'État*), das das Konkordat von 1801 außer Kraft setzte. Seitdem gilt für staatliche Schulen das Laizitätsprinzip. Schon 1882 war die *école primaire publique gratuite laïque et obligatoire* eingeführt worden.

Laizität bedeutet für die Schulen,
– dass kein Religionsunterricht erteilt wird;
– dass Räume keine religiösen Symbole wie z. B. Kreuze enthalten;
– dass die Schülerinnen und Schüler ihre Zugehörigkeit zu einer Religionsgemeinschaft nicht durch deutlich sichtbare Symbole (*signes religieux ostentatoires*), z. B. den islamischen Schleier oder die jüdische Kippa, zur Schau tragen dürfen; auch ein Kreuz als Anhänger einer Halskette darf eine bestimmte Größe nicht überschreiten.

Die Meinungsverschiedenheiten zwischen dem katholischen Dorfpfarrer und seinem republikanischen Widerpart, dem »aufgeklärten«, antiklerikalen und gegenüber marxistischen Ideen aufgeschlossenen Lehrer sind ein beliebtes Thema der Literatur des 20. Jahrhunderts (z. B. bei Pagnol, Tournier).

Einen Sonderstatus nehmen die Départements Bas-Rhin, Haut-Rhin und Moselle, also das Elsass und ein Teil Lothringens, ein: Sie gehörten von 1871 bis 1918 zum deutschen Kaiserreich und erreichten bei ihrer Wiedervereinigung mit Frankreich, dass das 1905 beschlossene Gesetz für sie keine Gültigkeit hat.

LEA *fpl* = Langues *fpl* étrangères appliquées (au commerce international)	IBS = *International Business Studies (angewandte Fremdsprachen mit wirtschaftswissenschaftlichen Zusatzfächern)*
lecteur *m* / **lectrice** *f* (de langue étrangère)	Lektor/in *m/f*
lecture *f* ~ publique	Lektüre *f*; Lesen *n* Autorenlesung *f*
lettres *fpl* ~ classiques ~ modernes	Philologie *f* französische Sprach- und Literaturwissenschaft *f*, Latein und Griechisch französische Sprach- und Literaturwissenschaft (*ohne Latein und Griechisch*)
libre ▶ privé/e école *f* / établissement *m* ~	nichtstaatlich, privat Privatschule *f*, Ersatzschule *f*
licence *f* ~ 1 ~ 2 ~ 3	Bachelor *m*, Abschlussprüfung *f* (bac + 3) *erstes Jahr des Bachelor-Studiums* *zweites Jahr des Bachelor-Studiums* *drittes und letztes Jahr des Bachelor-Studiums*
licence *f* professionnelle	*einjähriges duales Aufbaustudium nach zweijährigem Kurzstudium* ▶ BTS,

DUT (▶ *Infokasten* Bologne)

licencié/e *m/f* ès lettres/ sciences	*Inhaber/in m/f einer* ▶ *licence der Geistes-/ Naturwissenschaften*
lieu *m*	Ort *m*; Stelle *f*
~ d'affectation	Dienststelle *f*
~ des études	Studienort *m*
lisibilité *f*	Lesbarkeit *f*
liste *f*	Liste *f*
~ d'attente	Warteliste *f*
~ de présence	Anwesenheitsliste *f*
livret *m* scolaire	Schülerakte *f*
~ du bac	*Fächer- und Notenüber- sicht des Schülers seit der 5. Klasse, die bei der Abi- turprüfung vorzulegen ist*
LLCE = Lettres, langues et civilisations étrangères	*eine Fremdsprache + Lite- ratur und Landeskunde des anderen Landes + Übersetzung*
LLM *m* = Master of Law	LL.M.
LMD (réforme *f* ~) =	LMD-Reform *f* (*zur Ver- einheitlichung der europ. Hochschulabschlüsse:*
licence *f* (bac + 3),	Licence (Bachelor: 3 Jahre)
master *m* (bac + 5),	Master (5 Jahre)
doctorat *m* (bac + 8)	Doctorat (Promotion: 8 Jahre) (▶ *Infokasten* Bologne)

LMDE *f* = la Mutuelle des étudiants	*Zusatzversicherung für Studenten, die die Erstattung der von der* ▶ Sécurité sociale *nicht getragenen Krankenkosten übernimmt*
locataire *m/f*	Mieter/in *m/f*
loi *f* cadre de l'enseignement supérieur	Hochschulrahmengesetz *n*
loyer *m*	Miete *f*
LSH *fpl* = Lettres/Langues et sciences humaines	Geisteswissenschaften *fpl*
LVE *fpl* = Langues *f* vivantes étrangères *F* LV1, LV2, LV3	Fremdsprachen *fpl* 1. Fremdsprache (6e), 2. FS (4e), 3. FS (2de)
lycée *m* ~ d'enseignement général ~ technologique/technique ~ professionnel	Sekundarstufe *f* II (Klassen 10–12) allgemeinbildende Sekundarstufe II technische Sekundarstufe II, ≈ technische Berufsschule in Vollzeit berufsbezogene Sekundarstufe II, Berufsschule *f* in Vollzeit
lycéen/ne *m/f*	Oberstufenschüler/in *m/f*, Schüler/in *m/f* der Sekundarstufe II

M

maître *m* / **maîtresse** *f* (d'école)	Kindergarten- und Grundschullehrer/in *m/f*
~-assistant *univ*	Oberassistent/in *m/f*
~ auxiliaire *éc*	Aushilfslehrer/in *m/f* (*mit* licence)
~ d'internat *F*	*aufsichtführende/r Angestellte/r* f/m *im Internat*
~ de conférences (MCF) *m/f univ*	akademischer Oberrat *m* / akademische Oberrätin *f* / Assistenzprofessor/in *m/f*

maîtrise *f vx* ◆ master 1	Diplom, Magister (*nach vierjährigem Studium*)

maîtrise *f* des médias	Medienkompetenz *f*

majeure *f univ*	Hauptfach

major *m/f* de (la) promotion	1. bester Absolvent *m* / beste Absolventin *f* eines ▶*concours*
	2. Jahrgangsstufenbeste/r *f/m*

manuel *m* (scolaire)	Lehrwerk *n*

MASS *fpl* = mathématiques *fpl* appliquées aux sciences sociales *F*	*angewandte Mathematik in den Sozialwissenschaften*

master *m* (bac + 5)

~ (1) *ancmt* ◆ maîtrise *vx*

~ (2) professionnel *ancmt* ◆ DESS

~ (3) recherche *ancmt* ▸DEA

Master *m*

≈ Diplom *n*, Magister *m*

Master *m* (berufsbezogen)

Master *m* (forschungsorientiert), *Voraussetzung für die Promotion*

---

mastère *m* spécialisé *F* (*label décerné par la Conférence des grandes écoles; une année après bac + 4 ou bac + 5*)

Zusatzdiplom n *nach einjährigem Aufbaustudium in einer französischen Elitehochschule*

---

maternel/le

école *f* maternelle

mütterlich

Kindergarten *m*; Vorschule *f* (▸ *Infokasten* école maternelle)

---

matière *f*

~ facultative/optionnelle

~ obligatoire

~ principale

~ secondaire

(Schul-)Fach *n*

Wahlfach *n*

Pflichtfach *n*

Hauptfach *n*

Nebenfach *n*

MBA *m*

MBA = *Master's degree of Business Administration*

MCC *f* = médiation *f* culturelle et communication

Kultur-, Medien- und Kommunikationswissenschaften *fpl*

MCF *m/f* = maître *m* / maîtresse *f* de conférences

akademischer Oberrat *m* / akademische Oberrätin *f* / Assistenzprofessor/in *m/f*

médias *mpl*	Medien *npl*
responsable *m/f* des ~	Medienwart *m/f*
médiathèque *f*	Mediathek *f* (*auch:* Medio-thek)
mémoire *m* de fin d'études	Diplom-, Magisterarbeit *f*
MEN *m* = Ministère *m* de l'Éducation nationale *F*	(nationales) Schulministerium *n*; *Ministerium für Schule und Weiterbildung auf nationaler Ebene*
mention *f*	1. Prädikat *n*
~ très bien	sehr gut (*Examensnote*)
~ bien	gut
~ assez bien	befriedigend
	2. Spezialgebiet *n* (*eines Studiengangs*)
mesure *f*	Maßnahme *f*
~ d'accompagnement / de soutien	Fördermaßnahme *f*
MESR *m* = Ministère *m* de l'enseignement supérieur et de la recherche	*Ministerium für Hochschulwesen und Forschung*
méthode *f*	Methode *f*; Verfahren *n*
métier *m* d'enseignant	Lehramt *n*; Beruf *m* des Lehrers / der Lehrerin
Mind Mapping *m* ◆ filet *m* à mots	Mind Mapping *n*
mineure *f univ*	Nebenfach

mixité *f*
  ~ scolaire / à l'école
  ~ sociale
	Mischung *f*; Vermischung *f*
	  Koedukation *f*
	  soziale Mischung *f*

MNEF *f* = mutuelle *f* natio-
  nale des étudiants de
  France *F*
	Zusatzversicherung für Stu-
	  denten, die die Erstattung
	  der von der ▶ Sécurité so-
	  ciale *nicht getragenen*
	  Krankenkosten über-
	  nimmt

module *m vx* (▶ UE)	Modul *n*
motivation *f*	Motivation *f*
motivé/e	motiviert
moyenne *f*	Notendurchschnitt *m*; Durchschnittsnote *f*

multimédia
  salle ~ *f*
	Medien…
	  Medienraum *m*; Präsen-
	  tationsraum *m*

mutuelle *f*	Zusatzversicherung *f*

niveau *m* de(s) connaissances	Lern-/Wissensstand *m*
nombre *m* d'élèves par classe	Klassenstärke *f*
nomination *f*	Ernennung *f*
non-fumeurs salle ~, espace ~ non-fumeur *m* / non-fumeuse *f*	Nichtraucher… Nichtraucherbereich Nichtraucher/in *m/f*
notation *f* système *m* de ~ (▶ *encadré*)	Notenvergabe *f*; Bewertung *f* durch Noten Notensystem *n*
note *f* ~ (de) vie scolaire ~ éliminatoire	Note *f*; Zensur *f* Kopfnote *f* Durchfallnote *f*
numéro *m* ~ INE = identifiant national étudiant ~ de compte	Nummer *f* Matrikelnummer *f* Kontonummer *f*
numerus *m* clausus / restriction *f* d'admission	Numerus *m* clausus

Le système français de notation / Das französische Notensystem

Das französische Notensystem umfasst die Noten von 0 bis 20, wobei 20 die beste Note ist, 0 die schlechteste. Mit der Note 10 hat ein Schüler die *moyenne* erreicht, d. h. er hat eine ausreichende Leistung erbracht, eine Prüfung gilt damit als bestanden. Die Note 20 wird praktisch nie vergeben, die Note 0 hingegen schon. Beim Abitur und bei einigen Diplomen wird eine gute Gesamtleistung durch sogenannte *mentions* (»Auszeichnungen«) bewertet; der Durchschnittsnote 16 (und mehr) entspricht die *mention très bien*; der 15 und 14 die *mention bien*; der 13 und 12 die *mention assez bien*. Um eine Vergleichbarkeit zwischen französischen und deutschen Noten zu ermöglichen, hat eine Kommission folgende Umrechnungstabelle für die Universitäten erstellt (die allerdings nicht von allen ohne Abänderungen angewandt wird):

Deutschland	Frankreich	ECTS
1,0 (sehr gut)	17 (und mehr)	A
1,3 (sehr gut minus)	16	
1,7 (gut plus)	15	
2,0 (gut)	14	B
2,3 (gut minus)	13	
2,7 (befriedigend plus)	12	C
3,0 (befriedigend)	11	
3,3 (befriedigend minus)	10,5	D
3,7 (ausreichend plus)		
4,0 (ausreichend)	10	E

(Stand Juli 2004)

Die französischen Grundschulen benutzen ein System von 0 bis 10; die beste Note ist dabei die 10.

O

objectif *m*	Ziel *n*, Lernziel *n*
obligation *f* de réussir ◆ pression	Leistungsdruck *m*
OCDE *f* = Organisation *f* de coopération et de dé- veloppement écono- miques	OECD *f* = Organization for Economic Coopera- tion and Development (*Organisation* f *für wirt-* *schaftliche Zusammen-* *arbeit und Entwicklung*)
œuvres universitaires *fpl*	Studentenwerk *n*
OFAJ *acr m* = Office *m* franco-allemand pour la Jeunesse	DFJW *n* = Deutsch-Fran- zösisches Jugendwerk *n*
Office *m* allemand d'échanges universitaires	DAAD *m* = Deutscher Akademischer Aus- tauschdienst *m*
ONISEP *acr m* = Office *m* national d'information sur les enseignements et les professions	*nationale Berufsberatungs-* *stelle* ≈ BIZ *n* = Berufs-Infor- mations-Zentrum
option *f* ~ obligatoire	Wahlfach *n* Wahlpflichtfach *n*
oral *m* (oraux *mpl*)	das Mündliche *n*
ordinateur *m* portable	Notebook *m*
organisation *f* des études	Aufbau *m* des Studiums

orientation *f éc*	Schullaufbahnberatung *f*
~ *univ*	Studienberatung *f*
~ accompagnée / active *univ*	Studienbegleitung *f*

orienter	*einen Schüler hinsichtlich seiner Schullaufbahn beraten*
élève *m/f* mal orienté/e *pc* (= élève *m/f* en difficulté)	*Schüler/in, der/die hinsichtlich seiner/ihrer Schullaufbahn falsch beraten worden ist* (schwache/r Schüler/in)

original *m* du diplôme	Originalzeugnis *n*

ouverture *f* d'un compte en banque	Kontoeröffnung *f*

P

PAD *m* = prix *m* à débattre	VB *f* = Verhandlungsbasis
parcours *m* scolaire	Schullaufbahn *f*
paresseux/-euse un/e élève ~ *m/f* ◆ fumiste	faul *fam* ein/e faule/r Schüler/in *mf fam*
partenaire *m/f* tandem	Tandempartner/in *m/f*
participation *f*	Mitwirkung *f*
(examen) **partiel** *m*	*Abschlussklausur* f *eines* ▶ cours magistral
passage *m* dans la classe su- périeure	Versetzung *f*
passeport *m*	Reisepass *m*
passer dans la classe supé- rieure	versetzt werden
passerelle *f*	Übergangsmöglichkeit *f* (*von einer Schule zur* *andern*)
PCEM *m* = premier cycle *m* des études médi- cales *F*	Grundstudium *n* der Medi- zin
PCF *m* = permis *m* de conduire français *F*	französischer Führerschein *m*
pédagogie *f*	Pädagogik *f*

période *f* d'attente	Wartezeit *f*
permanence *f éc* (salle de ~), perm *f fam*	*von einem* ▶ surveillant *beaufsichtigter Arbeitsraum* m *für Schüler, die keinen Unterricht haben;* ≈ Silentium *n*
heure de ~ *univ*	Sprechstunde *f*
permis *m* de conduire	Führerschein *m*
peur *f* ~ de l'échec ~ des examens, stress *m* des exam *fam*	Angst *f* Angst vor Misserfolg Prüfungsangst *f*
photo *f* d'identité	Passfoto *n*
philologie *f* ~ germanique *univ* ~ romane *univ*	Philologie *f* Germanistik Romanistik
piaule *f fam*	(Studenten-)Bude *f*
PIB *m* = prêt *m* interbibliothèques / entre bibliothèques	Fernleihe *f*
pion/ne *m/f fam* ◆ surveillant/e	*aufsichtführende(r) Angestellte(r)*
PISA *acr* = Programme for International Student Assessment	PISA *f (internationale, von der OECD durchgeführte Vergleiche der schulischen Leistungen)*
enquête *f* ~	PISA-Studie *f*

---

planning *m* ◆ calendrier   Plan *m*; Planung *f*
~ des devoirs surveillés /   Klausurenplan *m*
    des examens
~ des surveillances   Aufsichtsplan *m*

politiquement *m* correct   politisch korrekte Aus-
(▶ *encadré*)   drucksweise

portable *m*   1. Handy *n*
                 2. Notebook *n*; Laptop *m*

Le politiquement correct / Die politisch korrekte Ausdrucksweise

Die vom Schulministerium herausgegebenen Texte (*circulaires, directives* etc.) vermeiden Ausdrücke, die als diskriminierend gelten könnten. So gibt es keine *cancres* (»schlechte« oder »schwache« Schüler) mehr, sondern *des élèves mal orientés* (Schüler, die bei der Wahl ihrer Schullaufbahn falsch beraten worden sind), *des élèves en rupture de repères* (»orientierungslose« Schüler), *des élèves en situation d'échec* (Schüler, die in einer Misserfolgsphase stecken), *des élèves en difficulté* (Risikoschüler), *des élèves démotivés* (unmotivierte Schüler). *Paresse* (Faulheit) wurde ersetzt durch *démotivation*, und wer »schreibfaul« ist, leidet unter *démotivation graphique.* Ein *élève issu de l'immigration* hat im Deutschen seine Entsprechung im Schüler »mit Migrationshintergrund«; er wird in Frankreich auch als *Français d'origine récente* bezeichnet (*beur* gilt inzwischen als diskriminierend). Wer unter einer sichtbaren Behinderung leidet, gehört zu den *minorités visibles.* Und statt *zone conflictuelle* (für einen sozialen Brennpunkt im Vorortgebiet) sagt man lieber *zone sensible.*

portail *m* d'information	Portal *m*, Homepage *f*
postes *m* de travail en libre service	Selbstlernzentrum *n*
potache *m fam* (= *collégien et/ou lycéen*)	Pennäler *m*
poursuite *f* des études	Weiterstudium *n*
prélèvement *m* automatique souscrire un ~	Dauerauftrag *m* einen Dauerauftrag einrichten
première *f* (= 1ère)	*zweite Klasse des* ▶ lycée (*entspricht der Klasse 11*)
présentation *f* PowerPoint	PowerPoint-Präsentation *f*
présidence *f*	Präsidium *n* (*bestehend aus Rektor/in, Kanzler/in und Prorektor(inn)en*)
président/e *m/f* (de l'université)	Rektor/in *m/f*; Präsident/in *m/f*
président/e *m/f* du jury	Prüfungsvorsitzende/r *m/f*
pression *f* ◆ obligation *f* de réussir	Leistungsdruck *m*
prêt *m* ~ à distance / interbibliothèques / entre bibliothèques ~ à domicile	Ausleihe *f* Fernleihe *f* Ortsausleihe *f*

prêt *m* (bancaire)	Darlehen *n*
~ études	Studiendarlehen *n*

principal/e *m/f*	Direktor/in *m/f* eines
	▶collège

privé/e ◆ libre	privat; nichtstaatlich
école *f* privée	private Schule *f*; Ersatz-
◆ école libre	schule *f*
établissement *m* privé	Privatschule *f*
(▶*encadré*)	

Les établissements privés / Die Privatschulen

Etwa 20 % aller französischen *collégiens* und *lycéens* besuchen eine private Schule. Träger dieser auch *écoles libres* genannten Schulen ist meistens die katholische Kirche. Da diese nicht viel Geld hat, müssen die Eltern sich mit einem Schulgeld (*frais* mpl *de scolarité*), das sich nach ihren Einkünften richtet, an den Kosten beteiligen. Die Unterrichtenden werden vom Staat bezahlt, die Kosten für Gebäude und deren Unterhaltung sowie laufende Kosten werden – je nach Vertrag mit dem Staat (*contrat simple* oder *contrat d'association*) – vom Träger bzw. von den Eltern aufgebracht.

Wer an einer katholischen Privatschule unterrichten will, muss sich nach der *licence* an einer dafür vorgesehenen Hochschule (*CFP* m = *centre de formation pédagogique*) ausbilden lassen. Der Zugang zu dieser Hochschule wird ebenfalls durch einen ▶*concours* geregelt.

Private Grundschulen sind seltener. Auch für sie gilt das oben Gesagte.

prix *m* à débattre (PAD)	Verhandlungsbasis *f* (VB)
procédé *m*	Verfahren *n*; Methode *f*
procès-verbal *m*	Protokoll *n*
rédiger le ~	Protokoll führen
professeur *m/f*, prof *m/f fam*	Lehrer/in *m/f*
~ certifié/e	*verbeamtete/r Lehrer/in im Schuldienst, der seine Lehrerlaubnis durch das Bestehen des* ▶CAPES *erworben hat* (▶*Infokasten* concours)
~ des écoles	Kindergarten- und Grundschullehrer/in *m/f*
◆ instituteur/institutrice, maître/maitresse	
~ de lycée et collège	Lehrer/in *m/f* in der Sekundarstufe II und I
~ invité/e *univ*	Gastprofessor/in *m/f*
~ principal *éc*	Klassenlehrer/in *m/f*
~ stagiaire *éc*	Studienreferendar/in *m/f*
~ titulaire de faculté *univ*	Ordinarius *m*
~ d'université	(Universitäts-)Professor *m*
programme *m*	Lehrplan *m*; kultusministerielle Vorgaben *fpl*
~ des cours *univ*	Vorlesungsverzeichnis *n*
~ commenté des cours *univ*	kommentiertes Vorlesungsverzeichnis *n*
~ d'échange	Austauschprogramm *n*
projecteur *m*	Projektor *m*
~ video	Beamer *m*
promotion *f*	Jahrgang *m*; Jahrgangsstufe *f*

propriétaire *m/f* ◆ bailleur	Besitzer/in *m/f*; Vermieter/ in *m/f*
proviseur/e *m/f*	Oberstudiendirektor/in *m/f*; Direktor/in *m/f* ei- nes ▶ lycée
punition *f*	Strafe *f*, Strafarbeit *f*

Q

QCM *m* = questionnaire *m* à choix multiple	Multiple-Choice-Fragebogen *m*
quartier *m* ~ sensible/fragile *pc*	Stadtviertel *n* sozialer Brennpunkt *m*
quatrième (4e)	*dritte Klasse* f *des* ▶collège *(entspricht der Klasse 8)*
question *f* ~ d'examen	Frage *f* Prüfungsfrage *f*
questionnaire *m* ~ à choix multiple (QCM)	Fragebogen *m* Multiple-Choice-Fragebogen *m*
quitter l'école	die Schule verlassen

R

radiation *f* du fichier des étudiants	Exmatrikulation *f*
ramassage *m* scolaire	Schülertransport *m*
rapport *m* de stage	Praktikumsbericht *m*
rattrapages *mpl*	*Zeitraum, in dem die Nachholklausuren für das Abitur und die Universität stattfinden*
RDV *m* = rendez-vous *m*	Verabredung *f*; Termin(absprache) *f*; Vereinbarung *f*
recherche *f*	Forschung *f*
reconnaître ~ un diplôme	anerkennen ein Diplom anerkennen
reconnaissance *f* des diplômes	Anerkennung *f* der Diplome
reconverti/e *m/f* (dans une autre filière)	Quereinsteiger/in *m/f*
recrutement *m* ~ d'un nouveau professeur ~ sélectif	Einstellung *f* Neueinstellung *f* eines Lehrers Auslese *f* zu Beginn des Studiums
recruter	einstellen

recteur *m* (d'académie)	Rektor *m* (*Leiter einer* ▸ académie; *vom Staatspräsidenten ernannt*)
redoubler (une classe)	sitzen bleiben
redoublant/e *m/f*	Sitzenbleiber/in *m/f*
refus *m* ~ de travailler / de participer au cours attitude *f* de ~	Verweigerung *f* Arbeitsverweigerung *m* Verweigerungshaltung *f*
région *f* F	*1982 geschaffene Gebietskörperschaften* fpl, *geographisch meist mit den* ▸ académies *identisch*
règlement *m* ~ de l'établissement ~ intérieur	Ordnung *f*; Vorschriften *fpl* Schulordnung *f* Haus-/Betriebsordnung *f*
réinscription *f*	Rückmeldung *f*
relevé *m* de notes ◆ bulletin	Notenübersicht *f*
remise *f* des bulletins	Zeugnisausgabe *f*
remplaçant/e *m/f*	Vertretungslehrer/in *m/f*; Vertretung *f*
remplacement *m*	Vertretung *f*
remplir ~ les conditions *f* d'admission ~ un formulaire *m*	erfüllen; ausfüllen die Zulassungsvoraussetzungen *fpl* erfüllen ein Formular *n* ausfüllen

rendez-vous *m* (RDV)	Verabredung *f*; Termin(absprache) *f*; Vereinbarung *f*
sur ~	nach Vereinbarung
fixer/prendre un ~	einen Termin *m* vereinbaren
lieu de ~	Treffpunkt *m*
rentrée *f*	Rückkehr *f*; Wiederkehr *f*
~ (scolaire) (▶ *encadré*)	Schul(jahrs)beginn *m*
~ universitaire	Semesterbeginn *m*, Vorlesungsbeginn *m*
pré~	*offizieller Schulanfang* m *für die Lehrer, ein bis zwei Tage vor Schuljahrsbeginn*
renvoi *m*	Verweis *m* (*in einem Wörterbuch etc.*); Schulverweis *m*
repère *m*	Anhaltspunkt *m*; Orientierungspunkt *m*
élève en rupture de repères *pc*	orientierungsloser/unangepasster Schüler
réponse *f* négative	Ablehnungsbescheid *m*
représentants *mpl* des étudiants	Studentenparlament *n*
représenter	wieder vorlegen
se ~ à un examen	eine Prüfung *f* wiederholen
résidence *f* universitaire	Studentenwohnheim *n*
◆ foyer d'étudiants / pour étudiants	

restaurant *m* universitaire, resto U *fam* (RU)	Mensa *f*
restauration *f*	Verpflegung *f*
résultat *m* obtenir de bons résultats	Ergebnis *n* gute Ergebnisse erzielen, gute Noten bekommen
retard *m* nombre de retard(s)	Verspätung *f* (Anzahl der) Verspätungen

---

La rentrée / Der Schuljahrsbeginn

In der zweiten Augusthälfte ist das große Ereignis auch in den Medien und in den Kaufhäusern nicht mehr zu übersehen bzw. zu überhören: *la rentrée*, der Schuljahrsbeginn nach den Sommerferien. Die Schul- und Bildungspolitik rückt auf die erste Seite der Tageszeitungen vor und bildet das Hauptthema der Talkshows. Statistiken werden veröffentlicht und analysiert, staatliche Ausgaben für Bildung diskutiert, vor jungen, unerfahrenen Verkehrsteilnehmern wird gewarnt. Das Angebot an Artikeln des Schulbedarfs, die in den Supermärkten im Eingangsbereich platziert werden, ist unüberschaubar.

Viele Eltern erhalten zum Schuljahrsbeginn – je nach Einkommensverhältnissen – eine *allocation rentrée* (Sonderzuwendung zum Schulbeginn).

Für Lehrer beginnt das neue Schuljahr, wie in den meisten deutschen Schulen auch, einige Tage früher; für dieses Ereignis wurde der Ausdruck *prérentrée* geprägt.

rétroprojecteur *m*	Overheadprojektor *m*

réunion *f*	Versammlung *f*
~ des parents	Elternversammlung *f*
~ parents-professeurs	Elternsprechtag *m*

réussite *f* aux examens	Studienerfolg *m*

RI *fpl* = relations internationales ▶ SRI	AAA *n* = Akademisches Auslandsamt *n*

RIB *m* = relevé *m* d'identité bancaire	Bankverbindungsnachweis *m*

RU *acr m* = restaurant *m* universitaire	Mensa *f*

rupture *f*	Abbruch *m*; Verlust *m*; Trennung *f*
des adolescents en ~ scolaire *pc*	Jugendliche ohne Schulabschluss

S

SAIO *mpl* = services académiques d'information et d'orientation	*psychologische und berufliche Beratungsstelle* f *der* ▶académie
salle *f*	Raum *m*; Klassenzimmer *f*
~ de chimie	Chemieraum *m*
~ de musique	Musikraum *m*
~ des professeurs / des profs *fam*	Lehrerzimmer *n*
~ multimédia	Medienraum *m*
~ polyvalente / des fêtes	Aula *f*
~ de permanence, perm *f* *fam*	*von einem* ▶surveillant *beaufsichtigter Arbeitsraum* m *für Schüler, die keinen Unterricht haben*
sanction *f*	Disziplinar-/Ordnungsmaßnahme *f*
sauter une classe	eine Klasse überspringen
SCD *m* = service *m* commun de la documentation	Mediathek *f*
sciences *fpl*	Wissenschaften *fpl*, *meistens:* Naturwissenschaften *fpl*
~ naturelles *éc*	Biologie *f*
~ économiques et sociales *univ*	Wirtschaftswissenschaften *fpl*
~ de l'éducation *univ*	Erziehungswissenschaften *fpl*
lettres/langues et ~ humaines *univ*	Geisteswissenschaften *fpl*

~ du langage *univ*	Sprachwissenschaften *fpl*
~ de la matière *univ*	Physik *f*, Chemie *f* und Mathematik *f*
~ de la Terre et de l'univers *univ*	Geologie *f* und Biologie *f*
~ de la vie *univ*	Biologie *f* und Biochemie *f*
~ de la vie et de la Terre *éc, univ*	Geographie *f* / Erdkunde *f*
~ et techniques des activités physiques et sportives ▶ STAPS *univ*	Sportwissenschaften *fpl*

Sciences Po *fpl* F (▶ IEP)	*Elitehochschule* f *für Politikwissenschaften* (▶ CPGE; concours)

scolaire	schulisch
année *f* ~	Schuljahr *n*
rentrée *f* ~ (▶ *encadré* rentrée)	Schulbeginn *m* nach den Sommerferien
système *m* ~ (▶ *encadrée* système scolaire)	Schulsystem *n*
vacances *fpl* scolaires	Schulferien *fpl*

scolariser	einschulen; beschulen, mit Schulunterrrricht versorgen

SCUIOP *m* = service *m* commun universitaire d'information d'orientation et d'insertion professionnelle	*allgemeine Studien- und Berufsberatung* f

sécher les cours *fam*	die Schule schwänzen *fam*

Le système scolaire français / Das französische Schulsystem

Das französische Schulsystem wird zentral vom *Ministère de l'Éducation nationale* (*MEN*) in Paris verwaltet. Die regionalen Schulaufsichtsbehörden sind die *académies* Aix-Marseille, Amiens, Besançon, Bordeaux, Caen, Clermont-Ferrand, Corse, Créteil, Dijon, Grenoble, Guadeloupe, Guyane, Lille, Limoges, Lyon, Martinique, Montpellier, Nancy-Metz, Nantes, Nice, Orléans-Tours, Paris, Poitiers, Reims, Rennes, La Réunion, Rouen, Strasbourg, Toulouse und Versailles.

In einer grundlegenden Reform wurden 1974 die weiterführenden Schulen *collège* und *lycée* neu strukturiert: Das vier Jahrgänge umfassende *collège* wurde als eine Art Gesamtschule für alle Elf- bis Fünfzehnjährigen verpflichtend, das *lycée* umfasst seitdem nur noch die letzten drei Jahre und führt zum Abitur.

Im *collège* findet eine Differenzierung nach Leistung bzw. Neigung nach zwei Jahren, dem *cycle d'observation* (Beobachtungsstufe), statt; hier wird eine Vorentscheidung bezüglich des angestrebten Abiturs getroffen, die aber in den beiden folgenden Jahren, dem *cycle d'orientation* (Orientierungsstufe), noch modifiziert werden kann.

Die insgesamt zwölfjährige Schulzeit gliedert sich nun wie folgt:

In die Grundschule – allgemein als *école primaire*, offiziell als *école élémentaire* bezeichnet – treten die Kinder mit 6 Jahren ein; sie verbringen dort fünf Jahre; anschließend gehen sie vier Jahre lang aufs *collège*, das mit dem *diplôme national du brevet* abschließt, dann drei Jahre aufs *lycée* (zu einem allgemeinbildenden *lycée*, einem technischen *lycée technique* oder einem berufsbezogenen *lycée professionnel*). ↗

Seit in Deutschland die Gymnasialzeit auf acht Jahre verkürzt worden ist, lassen sich die Klassenstufen – trotz einiger verwirrender Bezeichnungen (*cinquième* – Klasse 7) – leicht vergleichen:

école élémentaire	**Grundschule**
CP (cours préparatoire)	Klasse 1
CE1 (cours élémentaire)	Klasse 2
CE2	Klasse 3
CM1 (cours moyen)	Klasse 4
	Sekundarstufe I
CM2	Klasse 5
collège	
sixième (6e)	Klasse 6
cinquième (5e)	Klasse 7
quatrième (4e)	Klasse 8
troisième (3e)	Klasse 9
(⇒ DNB)	(⇒ Hauptschulabschluss)
lycée	**Sekundarstufe II**
seconde (2de)	Klasse 10
	(⇒ Fachoberschulreife / Realschulabschluss)
première (1re)	Klasse 11
	(⇒ Fachhochschulreife / Fachabitur)
terminale	Klasse 12
baccalauréat	**Abitur**

Das Abitur der allgemeinbildenden Schulen umfasst drei Typen: das mathematisch-naturwissenschaftliche *bac S* (*scientifique*); das sprachlich-literarische *bac L* (*littéraire*) und das sozialwissenschaftlich orientierte *bac ES* (*économique et social*), wobei das *bac S* zurzeit das höchste Prestige hat, das *bac ES* das geringste. Das allgemeinbildende *baccalauréat* wiederum gilt als wertvoller als ein *baccalauréat technique/technologique* oder ein *baccalauréat professionnel*.

secondaire *m* = établissement *m* d'enseignement secondaire	Sekundarstufe *f;* weiterführende Schulen *fpl*
seconde *f* (2de)	*erste Klasse des* ▸lycée (*entspricht der Klasse 10*)
secrétaire général/e *m/f* *univ*	Kanzler/in *m/f*
Section *f* européenne	*zweisprachiger Zug* m *an einigen* ▸lycées *und* collèges, *bei dem ein Sachfach in der Fremdsprache unterrichtet wird*
Sécurité *f* sociale / Sécu *f* *fam*	gesetzliche Krankenversicherung *f*
séjour *m* d'études à l'étranger	Auslandsstudium *n*
sélection *f*	Auslese *f*; Auswahlverfahren *n*
~ sur concours	Auswahlverfahren (*durch eine schriftliche Eignungsprüfung* ▸concours)
~ sur dossier	Auswahlverfahren (*aufgrund bisheriger Leistungen und Bewerbungsunterlagen)*
~ par l'échec	~ durch strenge Zwischenprüfungen

semestre *m*	Semester *n*, Schulhalbjahr *n*
~ d'été	Sommersemester *n* (SS)
~ d'hiver	Wintersemester *n* (WS)
~ sabbatique	Urlaubssemester *n*

séminaire *m*	Seminar *n* (*an der Universität*)

sérieux/-euse	zuverlässig
un/e élève ~	ein/e zuverlässige/r Schüler/in

service *m*	Dienst *m*; Amt *n*
~ d'accueil des étudiants étrangers	Beratung und Betreuung ausländischer Studenten
▶SRI	▶AAA *n*
~ des examens	zentrales Prüfungssekretariat *n*
~ de presse et d'information	Presse- und Informationsstelle *f*
~ de scolarité	Studierendensekretariat *n*
~ universitaire des activités physiques et sportives ▶SUAPS *m*	Hochschulsport *m*

SES *fpl* = sciences *fpl* économiques et sociales *univ*	Wirtschaftswissenschaften *fpf*

session *f* d'examen	Examensperiode *f*

simulation *f* d'alarme	Probealarm *m*

SH *f* = surface *f* habitable	Wohnraumgröße *f* in m²

SIO *m* = service *m* d'information et d'orientation	allgemeine Studienberatung *f*
sitographie *f*	Verzeichnis *n* der Internetadressen
sixième *f* (6ᵉ)	*erste Klasse* f *des* ▶collège (*entspricht der Klasse 6*)
SNES *acr m* = Syndicat *m* national des enseignants du second degré SNESup *acr m* = Syndicat *m* national de l'enseignement supérieur	*Gewerkschaft* f *der Unterrichtenden und des nichtlehrenden Personals der weiterführenden Schulen Gewerkschaft* f *des Hochschulpersonals*
SNV *fpl* = sciences *fpl* de la nature et de la vie *univ*	Biologie *f*
soirée *f* d'information	Informationsabend *m*
sous-locataire *m* / **sous-locatrice** *f*	Untermieter/in *m/f*
sous-location *f*	Untervermietung *f*
soutenance *f*	Disputation *f* / Rigorosum *n* (*mündliches Examen bei der Promotion*)
soutenir sa thèse	*in einem mündlichen Examen seine Doktorarbeit etc. verteidigen*
soutien *m* (scolaire) cours *m* de ~	Förderung *f*, Nachhilfe *f*; Unterstützung *f* Nachhilfe(unterricht) *m*

spécialité *f* ◆ discipline	Beruf *m*, Fachrichtung *f*, Spezialisierung *f*
SRI *m* = service *m* des relations internationales	AAA *m* = Akademisches Auslandsamt *n*
SSE *f* = Sécurité *f* sociale étudiants	studentische Krankenversicherung *f*
stage *m*	Praktikum *n*
~ accompli à l'étranger	Auslandspraktikum *n*
~ en entreprise	Betriebspraktikum *n*
~ de formation	Lehrgang *m*
~ de formation continue	Fortbildungsveranstaltung *f*
convention *f* de ~	Praktikumsvereinbarungen *fpl*
rapport *m* de ~	Praktikumsbericht *m*
stagiaire *m/f*	Praktikant/in *m/f*; Referendar/in *m/f*
STAPS *fpl* = sciences *fpl* et techniques *fpl* des activités physiques et sportives *F*	Sportwissenschaften *fpl*
UFR ~ *f*	Sportwissenschaftliche Hochschule
studio *m*	*1-Zimmer-Wohnung mit integrierter Küche*
SUAOIP *m* = service *m* universitaire d'accueil, d'orientation et d'insertion professionnelle	universitäre Studien- und Berufsberatung *f*

SUIO *m* = service *m* universitaire d'information et d'orientation | zentrale Studienberatung *f*

suivi *m* | Betreuung *f*
~ pédagogique | pädagogische Betreuung
~ personnalisé | Individualförderung
~ psychologique | psychologische Betreuung

La surveillance / Die Aufsicht

Für die Aufsicht und die pädagogische Betreuung außerhalb des Unterrichts gibt es in französischen Schulen eigenes Personal. Der Chef dieses Aufsichtspersonals ist der *CPE* (*conseiller principal d'éducation*), der den Älteren noch als *surveillant général* bekannt ist. Unter diesem Namen erscheint er auch in Filmen und Erzählungen des 20. Jahrhunderts und sorgt als strenger Oberaufseher für Ruhe und Ordnung. Der *CPE* hat ein Studium (*bac* + 3) absolviert, ihm untergeordnet sind die *surveillants*, in Schülerkreisen *pions* genannt. Diese führen – auch unter dem Namen *maîtres d'externat* – Aufsicht auf dem Schulhof, in der Kantine und – als *maîtres d'étude* – in Klassen, in denen ein Lehrer ausgefallen ist. Die zur Aufsicht im ▸ *internat* – also überwiegend nachts – eingesetzten *surveillants* werden auch als *maîtres d'internat* bezeichnet. Die meisten dieser *surveillantes* und *surveillants* üben ihre Tätigkeit nebenberuflich aus; es sind oft Studentinnen und Studenten, die sich auf diese Weise Geld verdienen und, falls sie einen Lehrberuf anstreben, pädagogische Erfahrungen sammeln.

suivre	folgen
~ un cours	eine Vorlesung *f* besuchen/hören
(bien) ~ en classe	(gut) mitkommen (*im Unterricht*)
sujet *m* d'examen	Prüfungsthema *n*
support *m* de cours	Skript *n* (einer Vorlesung)
surchargé/e	überfüllt
une classe surchargée	eine überfüllte Klasse
surdiplômé/e	überqualifiziert
surdoué/e	hochbegabt
surqualifié/e	überqualifiziert
surveillance *f* (▶ *encadré*)	Aufsicht *f*
surveillant/e *m/f* F	aufsichtführende/r Angestellte/r *f/m*
~ général/e *m/f vx* ◆ CPE	Betreuer/in *m/f* (*für außerunterrichtliche Bereiche*)
SVT *fpl* = sciences *fpl* de la vie et de la Terre *éc*	Erdkunde *f*

T

T1 *m* / **T2** *m* etc. (= type *m*) ◆ F1	1-Zimmer-Wohnung *f* / 2-Zimmer-Wohnung usw. (*mit eigener Küche und* *Bad*)
tableau *m* d'affichage	schwarzes Brett *n*
taux *m* ~ d'abandon ~ d'échec ~ d'encadrement ~ de réussite	Quote *f*; Rate *f* Abbrecherquote *f* Durchfallquote *f* Lehrer-Schüler-Rela- tion *f* Erfolgsquote *f*
taxe *f* d'habitation F	Wohnsteuer *f* (*die erhoben* *wird, wenn man zur* *Miete wohnt – also nicht* *im Studentenwohn-* *heim*)
TCF *m* = test *m* de connais- sance du français	Test *m* zur Ermittlung der französischen Sprach- kenntnisse (▶DSH *im* *Teil Deutsch-Französo-* *sisch*)
TD *mpl* = travaux *mpl* diri- gés	Übung *f* (*an der Uni*)
technologie *f*	Technik *f* (*Schulfach*)
téléenseignement *f* ▶EAD	Fernstudium *n*

terminale *f*	*dritte und letzte Klasse* f *des* ▸lycée *(entspricht der Klasse 12)*
thème *m* (vgl. version *f*)	*Übersetzungsübung* f *von der Muttersprache in die Fremdsprache*
thésard/e *m/f* ◆ doctorant/e *m/f*	Doktorand/in *m/f*
thèse *f* (de doctorat)	Doktorarbeit *f*, Dissertation *f*
titre *m* universitaire	akademischer Grad *m* / Hochschulgrad *m*
titularisation *f*	Einweisung *f* in eine Planstelle
titulaire *m/f* (d'un poste)	(*verbeamtete/r*) Stelleninhaber/in *m/f*
TP *mpl* = travaux *mpl* pratiques *univ*	Übungen *fpl* (*u. a. Lektorenkurse*)
TPE *mpl* = travaux *mpl* personnels encadrés	*Projektfach, in dem Schülergruppen der* ▸première *oder* ▸terminale *eine Thematik erarbeiten, die am Ende des Jahres vorgestellt und bewertet wird,* ≈ *Facharbeit*
transfert *m* de dossier	Übersendung *f* der Unterlagen
transparent *m*	Folie *f* (*z. B. für Overheadprojektor*)

travail *m*	Arbeit *f*; Arbeiten *n*
~ à deux	Partnerarbeit *f*
~ en groupes	Gruppenarbeit *f*
trimestre *m*	Quartal *n*, Trimester *n* (*Aufteilung des Studienjahres an einigen Universitäten*)
troisième *f* (3ᵉ)	*vierte Klasse des* ▶collège (*entspricht der Klasse 9*)
tronc *m*	Stamm *m*; Rumpf *m*
le ~ commun *éc, univ*	*die aus Pflichtfächern bestehende gemeinsame Basis vor einer Spezialisierung*
trouble *m* de la motivation *pc*	Motivationsstörung *f pc*
un/e élève souffrant de ~	ein/e Schülerin mit ~ *pc*
tutorat *m*	Tutorium *n*

U

UE *f* = Union *f* européenne	EU *f* = Europäische Union *f*
UE *f* = unité *f* d'enseignement *univ* (*ancmt* ▶ module *m*)	Modul *n*
UEL *f* = unité *f* d'enseignement libre *univ*	Optionalbereich *m*
UFR *f* = unité *f* de formation et de recherche *univ*	Fachbereich *m* (*Nachfolgerin* f *der alten* ▶ faculté)
unité *f* d'enseignement (UE *f*)	Modul *n*
universitaire *m/f*	Akademiker/in *m/f*
université *f* ~ d'accueil ~ d'attache/d'origine ~ du troisième âge	Universität *f* Gastuniversität *f* Heimatuniversität *f* Seniorenuniversität *f*; Studium *n* für Ältere
USB clé *f* ~	USB-Stick *m*

V

VA *f* = validation *f* des acquis	Anerkennung *f* (*der bereits an anderen Hochschulen erworbenen Scheine*)
vacances *fpl*	Ferien *fpl*
début *m* des ~	Ferienbeginn *m*
~ de (la) Toussaint *F*	Allerheiligenferien, ≈ Herbstferien
~ de Noël	Weihnachtsferien
~ d'hiver, de février	Winterferien
~ de printemps, de Pâques	≈ Osterferien
~ d'été, grandes ~	Sommerferien
vacataire *m/f*	Aushilfe *f*; Aushilfslehrer/in *m/f*
vaccination *f*	Impfung *f*
validation *f* des acquis (VA)	Anerkennung *f* (*der bereits an anderen Hochschulen erworbenen Scheine*)
version *f* (vgl. thème *m*)	*Übersetzungsübung* f *von der Fremdsprache in die Muttersprache*
vice-doyen/ne *m/f*	Prodekan *m*
vie *f* scolaire	*Bezeichnung für außerunterrichtliche Bereiche*
note *f* de ~	Kopfnote *f*
virement *m* bancaire	Überweisung *f*

W

WiFi *m* = Wireless Fidelity

WLAN *n* = Wireless Local Area Network

Z

zélé/e ◆ appliqué/e	eifrig; fleißig
ZEP *acr f* = zone d'éducation prioritaire *F*	*Gebiet* n *(meist im Vorortbereich) mit problematischer Sozialstruktur, in dem besondere Schulbildungsmaßnahmen durchgeführt werden (z. B. individuelle Förderung, kleine Lerngruppen)*
zone *f* ~ sensible/conflictuelle/fragile *pc*	Zone *f*; Sektor *m*, Gebiet *n* sozialer Brennpunkt *m* (*Gebiet* n *mit problematischer Sozialstruktur*)

Allemand-Français · Deutsch-Französisch

A

AAA *n* = Akademisches Auslandsamt *n*	SRI *m* = Service des Relations Internationales *m*
abbrechen sein/das Studium ~	arrêter, abandonner abandonner ses/les études
Abbrecherquote *f*	taux *m* d'abandon
Abendgymnasium *n D*	*établissement* m *de formation s'adressant à des adultes (salariés) désirant passer le bac; les cours ont lieu en fin d'après-midi ou le soir*
Abgangszeugnis *n*	bulletin *m* de fin de scolarité
abgelenkt	dissipé/e
Abi *n fam* (= Abitur *n*)	bac *m fam* (= *baccalauréat*)
Abibac *n*	abibac *m* (*baccalauréat binational franco-allemand*)
Abiball *m*	bal *m* du bac (*organisé par les bacheliers; se termine souvent par la remise des diplômes*)

Abitur *n* ◆ allgemeine Hochschulreife	baccalauréat *m*
das ~ schaffen	avoir son bac, décrocher son bac *fam*
das ~ nicht schaffen / im ~ durchfallen	échouer au ~
Abiturfach *n*	*matière* f *choisie pour le bac (selon un schéma imposé par les directives en vigueur dans le land respectif)*
Ablehnungsbescheid *m*	réponse *f* négative
abmelden (*von der Schule*)	déscolariser
Abnahme *f* der Wohnung	état *m* des lieux (*visite de l'appartement destinée à vérifier l'état des lieux avant la signature du bail*)
Absentismus *m*	absentéisme *m*
Absolvent/in *m/f*	diplômé/e *m/f*
abwählen	ne plus choisir
ein Fach ~	abandonner une matière (*selon le cursus choisi 2 ans avant le bac, on peut abandonner certaines matières*)
ADHS = Aufmerksamkeitsdefizit-Hyperaktivitätssyndrom *n*	déficit *m* de l'attention et de la concentration accompagné d'hyperactivité

ADS = Aufmerksamkeits-defizitsyndrom *n*	déficit *m* / troubles *mpl* de l'attention et de la concentration
Agentur *f* für Arbeit	≈ ANPE *f* = Agence nationale pour l'emploi
Akademiker/in *m/f*	universitaire *m/f*
akademischer Grad *m* ◆ Hochschulgrad	titre *m* universitaire
Akademischer Rat / Oberrat *m* Akademische Rätin / Oberrätin *f*	≈ maître *m* de conférences maîtresse *f* de conférences
akademisches Viertel *n* ▶c.t. *D*	quart *m* d'heure académique
Akkreditierung *f*	accréditation *f*
Altersstufe *f* / Altersklasse *f*	classe *f* d'âge
allgemeinbildende Schule *f*	établissement *m* d'enseignement général
Allgemeinbildung *f*	culture générale *f*
allgemeine Hochschulreife *f* ◆ Abitur	*aptitude* f *à accéder à l'enseignement supérieur* (= baccalauréat)
anerkennen (*z. B.* ein Diplom)	reconnaître (*p. ex.* un diplôme)
Anerkennung *f*	validation *f*; reconnaissance *f*

~ der Diplome	reconnaissance des diplômes
~ der Scheine	validation des acquis (VA)

Anforderungen *fpl* — exigences *fpl*; compétences *fpl* requises

---

angepasst — adapté/e
eine/e angepasste/r Schüler/in — un/e élève discipliné/e

Anlaufstelle *f* — contacts *mpl* utiles

---

anmelden (sich) — s'inscrire
sich zur Prüfung ~ — ~ à un examen

Anmeldung *f* — inscription *f*

Anrechnungsfaktor *m* — coefficient *m*

Antrag *m* auf Zulassung zum Studium — demande *f* d'admission aux études

---

Antrittsvorlesung *f* — premier cours *m* (*donné par un professeur d'université*)

Anwesenheitsliste *f* — liste *f* de présence

AOK *f* = Allgemeine Ortskrankenkasse *f* — ≈ CPAM *f* = caisse primaire d'assurance maladie

---

Äquivalenz *f* — équivalence *f*

Arbeitsamt *n* — ≈ ANPE *f* = Agence nationale pour l'emploi

Arbeitsgruppe *f* — groupe *m* de travail

Arbeitsverweigerung *f*	refus *m* de travailler / de participer au cours
Assistenzprofessor/in *m/f*	*assistant/e m/f; prépare son* ▶ Habilitation; *ne donne que peu de cours*, ≈ maître *m* / maîtresse *f* de conférences
AStA *m* = Allgemeiner Studierendenaus- schuss *m* ▶ Fachschaft	association *f* générale des étudiants
Auditorium *n* Maximum (Audimax)	(le plus) grand amphi- théâtre *m* (d'une univer- sité)
Aufbau *m* des Studiums	organisation *f* des études
Aufbaustudium *n*	complément *m* de forma- tion universitaire, études *fpl* approfondies
Aufenthaltsgenehmigung *f*	carte *f* de séjour
Aufenthaltsraum *m*	*salle de détente où les élèves peuvent se re- trouver et faire leurs de- voirs*
Aufgabe *f*	tâche *f*; sujet *m* d'étude; problème *m*
Aufgabenfeld *n* das sprachlich-litera- risch-musische ~	groupe *m* de matières le groupe des matières littéraires et artistiques *fpl*

das mathematisch-natur-wissenschaftliche ~	le groupe des matières mathématiques et sciences naturelles *fpl*
das gesellschaftswissen-schaftliche ~	le groupe des matières sciences sociales *fpl*
Aufnahmeprüfung *f*	examen *m* d'entrée, concours *m*
Aufsicht *f*	surveillance *f* (*en Allemagne, la surveillance est assurée par les enseignants à tour de rôle*)
Aufsichtsplan *m*	planning *m* des heures de surveillance
Aula *f*	salle *f* polyvalente; salle des fêtes
Ausarbeitung *f*	élaboration *f*
Ausbilder/in *m/f*	formateur *m* / formatrice *f*
Ausbildung *f*	formation *f*
Ausfertigung *f*	délivrance *f*; établissement *m* (*d'un document*); exemplaire *m*
in zweifacher ~	en double exemplaire
Aushang *m*	affichage *m*
Aushilfslehrer/in *mf*	vacataire *m/f*, maître *m* / maîtresse *f* auxiliaire
Auslandserfahrung *f*	expériences *fpl* acquises à l'étranger

Auslandspraktikum *n*	stage *m* accompli à l'étranger
Auslandsstipendium *n*	bourse *f* d'études à l'étranger
Auslandsstudium *n*	séjour *m* d'études à l'étranger
Ausleihe *f* (*in einer Bibliothek*)	prêt *m* (d'un livre); guichet *m* de prêt
ausreichend (*Note*)	passable
Ausschuss *m* für Lehre und Studium	conseil *m* des études universitaires
Austauschprogramm *n*	programme *m* d'échange
Austauschschüler/in *m/f*	*élève m/f participant à un échange;* correspondant/e *m/f* / corres *m/f fam*
Auswahlverfahren *n*	processus *m* de sélection
Autorenlesung *f*	lecture *f* publique (d'un écrivain)

B

BA *m* = Bachelor of Arts *m D*	*cursus* m *de six semestres (deux matières)*; ▶ licence
Bachelor *m*	1. licence en 3 ans *f*; niveau *m* bac + 3 2. titulaire *m/f* d'une licence
Bafög *n* = Bundesausbildungsförderungsgesetz *n D*	*loi* f *fédérale sur l'aide au financement des études (prêt à rembourser partiellement par la suite)*
Beamer *m*	projecteur *m* video
befriedigend (*Note*)	satisfaisant/e
Begabtenstipendium *f*	bourses *fpl* d'excellence
Begabung *f*	don *m*, talent *m*
Behinderung *f*	(le!) handicap
Behördengänge *m*	démarches *fpl* administratives
Belastbarkeit *f*	gestion *f* du stress
belastend	stressant/e
Belegen *n*	inscription *f* pédagogique

Bereitschaftsdienst *m éc*	*présence des enseignants à tour de rôle garantissant le remplacement éventuel d'un/d'une collègue*
Berufs(aus)bildung *f*	formation *f* professionnelle
Berufsberater/in *m/f*	COP *acr m/f* = conseiller/ conseillère *m/f* d'orientation-psychologue
Berufsfachschule *f*	centre *m* de formation professionnelle
Berufsmöglichkeiten *fpl*	débouchés *mpl*
Berufspraktikum *n*	stage *m* professionnel
Berufskolleg *n*	*lycée* m *professionnel permettant d'obtenir la* ▶Fachhochschulreife
Berufsschule *f* (vgl. Berufskolleg)	lycée *m* professionnel/ technologique, centre *m* de formation d'apprentis
Berufungskommission *f*	commission *f* de nomination d'un professeur
Besitzer/in *m/f*	propriétaire *m/f*
bestehen ein Examen ~	réussir ~ un examen; être reçu/e à un examen

Betreuung *f*	encadrement *m*; tutelle *f*; suivi *m*
~ einer Doktorarbeit	tutelle *f* d'une thèse de doctorat
deutsch-französische ~ einer Doktorarbeit	cotutelle *f* d'une thèse de doctorat
pädagogische ~	suivi *m* pédagogique
psychologische ~	suivi *m* psychologique
schulische ~	accompagnement *m* éducatif
Übermittagsbetreuung	encadrement *m* des élèves pendant la pause de midi
Betriebspraktikum *n*	stage *m* en entreprise
Beurteilung *f*	appréciation *f*; évaluation *f*
Bewerbungsbestätigung *f*	confirmation *f* de candidature
Bewerbungsgespräch *n*	entretien *m* (d'embauche)
Bewerbungsschluss *m*	date *f* limite de dépôt de candidature
Bewerbungsunterlagen *fpl*	dossier *m* de candidature
Bezirksschulverwaltung *f*	académie *f*; inspection *f* académique
Bib *f* / Bibo *f* = Bibliothek *f*	BU *f* = bibliothèque *f* universitaire
Bildung *f*	culture *f*
Bildungseinrichtung *f*	établissement *m* de formation

bildungsfern	éloigné/e de la culture; décalé/e par rapport au culturel *pc*
bildungsferne Schichten *pc*	couches sociales décalées par rapport au culturel *pc*
Bildungslücke *f*	lacune *f*
bildungsorientiert	orienté/e vers la culture
Bildungspolitik *f*	politique *f* éducative
Bildungssystem *n*	système *m* éducatif
Bildungsweg *m* zweiter ~	formation *f* formation HTT (= hors temps de travail)
Binnendifferenzierung *f*	*répartition des élèves selon leur niveau à l'intérieur de la classe*
BIZ *n* = Berufs-Informations-Zentrum *n*	*centre d'orientation sur les enseignements et les professions organisé par la* ▶ *Agentur für Arbeit;* ≈ *CIO, ONISEP*
blauer Brief *m fam D*	*lettre adressée aux parents d'un/e élève à l'approche de la remise des bulletins semestriels pour les avertir que le passage dans la classe supérieure est compromis*

Blockprüfung *f*	examen *m* terminal
Blockseminar *n*	séminaire *m* en bloc
BMBF *n* = Bundesministerium *n* für Bildung und Forschung *D*	*ministère* m *fédéral de l'éducation et de la recherche*
Bologna-Prozess *m* / Bologna-Reform *f* (▸*Infokasten*)	réforme *f* de Bologne

---

Die Bologna-Reform / La réforme de Bologne

La réforme de Bologne ou le système LMD doit son nom à la ville universitaire de Bologne où le 19 juin 1999, les ministres de 29 États décidèrent de réorganiser l'enseignement universitaire. Les cursus sont subdivisés en Licence (bac + 3), Master (bac + 5) et Doctorat (bac + 8). Les États signataires voulaient créer un pôle européen de recherche à l'horizon 2010 dans le but de favoriser la mobilité des étudiants et des enseignants.

Pour que les unités d'enseignement obtenues à l'étranger puissent être validées sans problèmes par les universités d'attache, on a créé le système européen de crédits transférables (▸ECTS): Chaque UE (unité d'enseignement) équivaut à un nombre précis de points/crédits (européens) attribués selon le degré de difficulté de l'UE. Chaque semestre équivaut à 30 ECTS.

Le système de crédits capitalisables et transférables, valables toute une vie, permet de personnaliser son parcours.

Entretemps, 45 États ont signé l'accord de Bologne.

Brett *n*: schwarzes ~	tableau *m* d'affichage
Brieffreund/in *m/f*	correspondant/e *m/f* / corres *m/f fam*
Brückenkurs *m*	cours *m* passerelle
Bude *f* ▶ Studentenbude	
Bundesbildungsminister/in *m/f*	ministre *m/f* fédéral/e de l'éducation
Bundesministerium *n* für Bildung und Forschung ▶ BMBF	
Bundesjugendspiele *fpl*	*évènement* m *sportif organisé en fin d'année scolaire au niveau de la* ▶ Sek. I
Bürge *m/f*	garant/e *m/f* (*solvable*); cautionneur/-euse *m/f*
BWL *f* = Betriebswirtschaftslehre	gestion *f* d'entreprise

C

Cafeteria *f* / Cafete *f fam*	cafétéria *f* / cafèt' *f fam*
Campus *m* ◆ Universitätsgelände *n*	campus *m* (universitaire)
Chancengleichheit *f*	égalité *f* des chances
Chemieraum *m*	salle *f* de chimie
Comenius	*programme* m *européen d'échanges scolaires*
c.t. = cum tempore *D univ* ▶ akademisches Viertel (vgl. s.t.)	*abréviation* f *latine informant que le cours commencera un quart d'heure après l'heure indiquée*
Credits *mpl fam* / Kreditpunkte *mpl* / Leistungspunkte *mpl* (▶ *Infokasten* Bologna-Reform)	crédits *mpl* ECTS / crédits *mpl* européens
Curriculum *n*	cursus *m*

D

DAAD *m* = Deutscher Akademischer Austauschdienst *m* D	*Office allemand des échanges universitaires*
DAF = Deutsch als Fremdsprache *f*	allemand *m* langue étrangère
Darlehen *n*	prêt *m* (bancaire)
Dauerauftrag *m* einen ~ einrichten	prélèvement *m* automatique souscrire un ~
Defizit *n* (*Kurs, der nicht mit mindestens 5 Punkten abgeschlossen worden ist*)	déficite *m* (*dans la Sek. II, note indiquant que l'élève n'a pas obtenu la moyenne dans une matière au cours d'un semestre*)
Dekan/in *m/f*	doyen/ne *m/f*
Deutsch *n* als Fremdsprache (DAF) ~ studieren	allemand *m* langue étrangère faire des études d'allemand langue étrangère
deutsch-französische Betreuung *f* einer Doktorarbeit	cotutelle *f*
Didaktik *f*	didactique *f*
Didaktiker/in *m/f*	professeur *m/f* enseignant la didactique
Dienststelle *f*	lieu *m* d'affectation

Differenzierung *f*	répartition *f* des élèves selon leur niveau
Diplom *n* ein ~ anerkennen ein ~ verleihen	diplôme *m* reconnaître un ~ délivrer un ~
Diplom *m vx* ▶ Magister (▶ *Infokasten* Bologna-Reform)	*diplôme* m *sanctionnant 4 ans d'études*
Diplom *m* FH *vx* (▶ *Infokasten* Bologna-Reform)	*diplôme* m *sanctionnant 4 ans d'études dans une* ▶FH
Diplomarbeit *f*	mémoire *m* de fin d'études
Direktor/in *m/f* (einer Realschule)	principal/e *m/f*
Direktor/in *m/f* (eines Gymnasiums) (= Ober-studiendirektor/in)	proviseur/e *m/f*
Direktor/in *m/f* einer Grund- oder Haupt-schule ◆ Rektor/in *mf*	directeur *m* / directrice *f* d'une école élémentaire
Disputation *f*	soutenance *f*
Dissertation *f* ◆ Doktorarbeit *f*	thèse *f* de doctorat
Disziplinarkonferenz *f*	conseil *m* de discipline
Disziplinarmaßnahme *f* ◆ Ordnungsmaßnah-me *f*	sanction *f*

Doktorand/in *m/f*	doctorant/e *m/f*; thésard/e *m/f*
Doktorarbeit *f* ◆ Dissertation *f*	thèse *f* de doctorat
Doktormutter *f* / **Doktorvater** *m*	directrice *f* / directeur *m* de thèse
Doppelstunde *f*	heure *f* double
Dozent/in *m/f*	enseignant/e *mf* (de l'université)
betreuender ~	~ assurant le suivi pédagogique
dreigliedrig	divisé/e en trois parties
dreigliedriges Schulsystem *n* D	*division du secondaire en trois types d'établissements* ▶ Hauptschule, Realschule, Gymnasium
Drittmittel *npl*	fonds *mpl* privés (*pour la recherche*)
Drittmittelforschung *f*	*recherche* f *financée par des fonds privés*
DSH *f* = Deutsche Sprachprüfung für den Hochschulzugang ausländischer Studenten D	*examen d'allemand donnant accès aux études supérieures (*▶TCF*) aux étudiants étrangers ne possédant pas assez de connaissances en allemand à leur arrivée en Allemagne*

duale Ausbildung *f* (*Betrieb und Berufschule*)	système *m* d'apprentissage en alternance (*en entreprise et à la* ▶ Berufsschule)
duale(s) Ausbildung(ssystem) *n*	(système *m* de) formation *f* par alternance
durchfallen	échouer (à un examen)
Durchfallnote *f*	note *f* éliminatoire
Durchfallquote *f*	taux *m* d'échecs
Durchlässigkeit *f*	existence *f* de passerelles *fpl*
Durchschnittsnote *f*	moyenne *f*

E

ECTS *n* = European credit transfer system (▶ *Infokasten* Bologna-Reform)	ECTS *m* (*système européen de transfert de crédits*) (▶ Credits)
Ehrenamt *n*	bénévolat *m*; activité bénévole *f*
ehrenamtlich ehrenamtliche/r Helfer/in *m/f*	bénévolement bénévole *m/f*
eigenverantwortlich eigenverantwortliches Lernen *n* (EVL)	autonome autoapprentissage *m*
Eignungsprüfung *f*	sélection *f* sur dossier
Eignungsprüfung *f* / Eignungstest *m*	examen *m* d'aptitude
Einschreibefrist *f*	délai *m* d'inscription
Einschreibegebühren *fpl*	frais *mpl* d'inscription
Einschreibung *f*	inscription *f*
einschulen	scolariser; accueillir les enfants (*dans un établissement scolaire*)
Einschulung *f*	scolarisation *f*; date *f* d'entrée en primaire
Einstellung *f* ◆ Rekrutierung	recrutement *m*

Einstufen *n*	classement *m* selon le niveau de connaissances
Einweisung *f* in eine Planstelle	titularisation *f*, affectation *f* à un poste de titulaire
Einwohnermeldeamt *n*	bureau *m* de déclaration de domicile
Einzimmerwohnung *f* ~ mit integrierter Küche	F1 *m* / T1 *m* studio *m*
Elementarkenntnisse *fpl* ◆ Grundbildung	fondamentaux *mpl* (*lire, écrire, compter*)
Elitehochschule *f*	grande école *f*
Elternsprechtag *m*	réunion *f* parents-professeurs
Elternversammlung *f*	réunion *f* des parents
Elternvertreter/in *m/f*	délégué/e *m/f* des parents d'élèves
entschuldigt entschuldigte Fehlzeiten *fpl*	excusé/e; justifié/e absences *fpl* justifiées
Entschuldigung *f*	excuse *f*; justification *f*
Entwicklungsverzögerung *f* ein/e Schüler/in *m/f* mit ~ pc	manque *m* de maturité; retard *m* un/e élève *m/f* immature / manquant de maturité
Erarbeitung *f* / Ausarbeitung *f* (eines Konzepts)	élaboration *f* (d'un concept)

ERASMUS *acr* = European community action scheme for the mobility of university students — *programme favorisant la mobilité des étudiants et la coopération dans le monde universitaire*

Erdkunde *f* — SVT *fpl* = sciences *fpl* de la vie et de la Terre (▸ géographie)

Erdkunderaum *m* — salle *f* de géographie

Erfolgsquote *f* — taux *m* de réussite

Ergänzungsstudium *n* — études *fpl* complémentaires

Ergebnisse *npl* — résultats *mpl*

Erlass *m* — circulaire *f*

Erprobungsstufe *f D* ▸ Orientierungsstufe — *phase d'observation et d'orientation (qui se situe généralement dans le premier cycle du secondaire)*; ≈ cycle *m* d'observation

Ersatzschule *f* — établissement privé *m*

Ersteinschreibung *f* — première inscription *f* administrative

Ernennung *f* — nomination *f*

Erzieher/in *m/f* — éducateur *m* / éducatrice *f* (*personne ayant suivi une formation permettant*

	d'enseigner dans une structure d'accueil d'enfants ou de personnes handicapées) (▶ Hort, Krippe, Kindergarten)
Erziehung *f*	éducation *f*
Erziehungswissenschaften *fpl*	sciences *fpl* de l'éducation
ESG *f* = Evangelische Studentengemeinde *f*	association *f* des étudiants protestants
europäische Gesundheitskarte *f*	carte européenne *f* d'assurance maladie
EVL *n* = eigenverantwortliches Lernen *n*	autoapprentissage *m*
Examensperiode *f*	session *f* d'examen
Exmatrikulation *f*	radiation *f* du fichier des étudiants

F

Fach *n*	matière *f*
Hauptfach	~ principale
Nebenfach	~ secondaire
Pflichtfach	~ obligatoire
Wahlfach	~ facultative
Facharbeit *f*	projet *m* personnel; ≈ TPE *mpl* (= travaux personnels encadrés)
Fachbereich *m* ◆ Fakultät *f*	département *m* / UFR = unité *f* de formation et de recherche (*anciennes facultés*)
Fachbereichsrat *m*	conseil *m* de l'UFR
fachbezogen	relatif/-ive à une matière
Fächerkanon *m*	liste *f* des matières obligatoires
Fachgebiet *n*	discipline *f*, spécialité *f*
Fachhochschulreife *f*, Fachabitur *n*	*aptitude* f *à accéder aux études dans une* ▶ FH; ≈ bac pro, bac technologique
Fachkonferenz *f*	*conseil* m *des enseignants d'une matière*
Fachleiter/in *m/f*	formateur *m* / formatrice *f* (*d'un/e professeur sta-*

giaire; spécialisé/e dans
une matière)

Fachoberschulreife *f*
◆ Mittlere Reife *m*,
Realschulabschluss *m*

brevet m *sanctionnant 10
années de scolarité dans
le secondaire;* ≈ DNB *m*

Fachprüfungsausschuss *m*

(*au bac*) jury *m* d'un examen

Fachrichtungswechsel *m*

changement *m* de filière

Fachschaft *f* ▸ AStA

*association d'étudiants dé-
fendant les intérêts des
étudiants d'un départe-
ment*

---

fachübergreifend, fächer-
übergreifend

relatif/-ive à plusieurs matières, interdisciplinaire

**fachwissenschaftliche Aus-
bildung** *f* (*eines Lehrers*)

formation *f* universitaire
(*d'un enseignant*)

Fahrschule *f*

autoécole / auto-école *f*

Fahrschüler/in *m/f*

~ *fam*

1. élève *m/f* d'(une) auto-
école
2. *élève bénéficiant du ra-
massage scolaire ou em-
pruntant les transports en
commun*

Fakultät *f vx* ◆ Fachbe-
reich *m*

faculté *f*

---

faul *fam*
ein/e faule/r Schüler/in
mf fam

paresseux/-euse
un/e élève ~; un/e fu-
miste *fam*

Fehlstunden *fpl*, Fehlzeiten *fpl*	heures *fpl* d'absence

Fehlstundenzahl *f*; Zahl *f* der Fehlstunden	nombre *m* d'heures d'absence

Fehlzeiten *fpl*	absences *fpl*
häufige ~	absences répétées *fpl*; absentéisme *m*

Ferien *fpl*	vacances *fpl*
Herbstferien	~ d'automne / ≈ de (la) Toussaint
Osterferien	~ de Pâques / ≈ de printemps
Pfingstferien	~ de Pentecôte
Sommerferien	~ d'été, grandes vacances
Weihnachtsferien	~ de Noël
Winterferien	~ d'hiver

Ferienbeginn *m*	début *m* des vacances

Fernleihe *f*	PIB *m* = prêt *m* interbibliothèques / entre bibliothèques

Fernstudent/in *m/f*	étudiant/e *m/f* inscrit en téléenseignement

Fernstudium *n*	téléenseignement *m*; enseignement *m* à distance

Feststellungsprüfung *f* (FP)	
1. *univ*	*examen destiné à évaluer le niveau d'un étudiant étranger en vue d'une inscription à l'université allemande*

2. éc	*examen destiné à éva-luer le niveau d'un élève qui n'a pas assisté à un certain nombre de cours*
FH *f* = Fachhochschule *f*	*établissement d'enseigne-ment supérieur à orien-tation pratique assurant la formation supérieure en quatre ans dans les do-maines de l'industrie, du commerce et du travail social; le diplôme obtenu comporte toujours la mention »(FH)«*
Finanzierung *f* des Studi-ums	financement *m* des études
Finanzierungsnachweis *m*	justificatif *m* de financement
fleißig	appliqué/e; zélé/e
Folie *f (für Overheadpro-jektoren)*	transparent *m (pour rétro-projecteurs)*
Fördermaßnahme *f*	mesure *f* d'accompagne-ment / de soutien
fördern	encourager (un élève); faire du soutien scolaire
Förderstufe *f* D	*phase de transition et d'orientation en vue du choix du type d'établisse-ment secondaire (classes 5 et 6 de certains établis-sements)*

Förderung *f*	soutien scolaire *m*
Förderunterricht *m* vgl. Nachhilfe(unterricht)	cours *m* de soutien (*assuré par l'établissement*)
Forscher/in *m/f*	chercheur *m* / chercheuse *f*
Forschung *f*	recherche *f*
Forschungssemester *n*	*semestre* m *sans cours accordé de temps en temps aux enseignants-chercheurs pour leur permettre de se consacrer entièrement à leurs recherches*
Fortbildung *f*	formation *f* continue
Fortbildungsveranstaltung *f*	stage *m* de formation
fortgeschritten fortgeschrittene/r Student/in *m/f*	avancé/e étudiant/e *m/f* ~
Fragebogen *m*	questionnaire *m*
freemover *m*	*étudiant en mobilité à l'étranger finançant lui-même son séjour*
Fremdsprachenassistent/in *m/f*	assistant/e *m/f* d'anglais / d'allemand / d'espagnol *etc.*
Führerschein *m*	permis *m* de conduire
Führungskräfte *fpl*	cadres supérieurs *mpl*

G

G8 *n* = achtjährige Gymnasialzeit *f D*	*durée* f *de la scolarité du* ▶ Gymnasium *ramenée à 8 ans (au lieu de 9) dans une optique d'harmonisation européenne*
Ganztagsschule *f*	*établissement* m *scolaire dans lequel l'enseignement est dispensé toute la journée*
Gastfamilie *f*	famille *f* d'accueil
Gasthörer/in *m/f*	auditeur/auditrice *m/f* libre
Gastprofessor/in *m/f*	professeur *m/f* invité/e (par l'université)
Gastuniversität *f*	université *f* d'accueil
Gebäude *n*	bâtiment *m*
Gebührenfreiheit *f*	exonération *f* des frais d'inscription
Geburtsurkunde *f*	acte *m* de naissance
gegliedert gegliedertes Schulsystem *D*	divisé/e *division du secondaire en trois types d'établissements* ▶ Hauptschule, Realschule, Gymnasium
Geisteswissenschaften *fpl*	LSH *fpl* = lettres/langues et sciences humaines

Gemeinschaftskunde *f éc*	éducation *f* civique
Geographie *f*, Erdkunde *f*	SVT *f* = science de la vie et de la Terre
Germanistik *f univ*	philologie *f* germanique (*études* fpl *des langues, littératures et civilisations germaniques*)
GERS *m* = Gemeinsamer Europäischer Referenz-rahmen *m* für Sprachen	CECRL *m* = Cadre *m* européen commun de référence pour les langues (*rédigé par le Conseil de l'Europe dans le but de comparer les connaissances linguis-tiques et les résultats d'examens à l'échelle européenne*)
Geschlechtertrennung *f*	enseignement *m* séparé filles et garçons
Gesundheitskarte *f* ▶ Krankenversicherungs-karte	carte *f* vitale
GEW *f* = Gewerkschaft *f* Erziehung und Wissen-schaft	*nom d'un syndicat ensei-gnant*
gewissenhaft	consciencieux/-euse
Girokonto *n*	compte *m* courant
Graduierte/r *m/f*	étudiant/e *m* diplômé/e

Grundbildung *f*
◆ Elementarkenntnisse

(apprentissages *mpl*) fon-
damentaux (*lire, écrire,
compter*)

Grundkurs *m éc*

cours *m* de base (*matière
dispensée 2 ou 3 heures
par semaine, choisie par
l'élève selon un schéma
imposé par les directives
en vigueur dans le land
respectif*)
(▶*encadré* Kurssystem)

~ univ

cours *m* d'initiation

Grundschule *f*

école *f* élémentaire/pri-
maire (*dure en moyenne
4 ans*)

Grundschüler/in *m/f*

écolier *m* / écolière *f fam*

Grundschullehrer/in *m/f*

professeur *m/f* des écoles;
instituteur *m* / institu-
trice *f vx*; maître *m* /
maîtresse *f*

Grundstudium *n univ vx*
▶Bachelor
(▶*Infokasten* Bologna-
Reform)

*premier cycle d'études
(2 ans) sanctionné par le*
▶Vordiplom *ou la*
▶Zwischenprüfung

Grundstufe *f*

cours *m* de base

Gruppenarbeit *f*

travail *m* en groupes

---

gut (*Note*)

bien

Gymnasiast/in *m/f*

élève *m/f* d'un
▶Gymnasium

gymnasial	concernant le ▶ Gymnasium
gymnasiale Oberstufe *f* (▶ Sekundarstufe II)	*les trois dernières années du secondaire se terminant par le bac,* ≈ lycée *m*

Gymnasium *n*	*établissement* m *scolaire englobant le premier et le second cycle du secondaire et menant au baccalauréat; durée: 8 à 9 ans* (▶ G8)
altsprachliches ~	Gymnasium *axé sur l'enseignement des langues anciennes*
neusprachliches ~	Gymnasium *axé sur l'enseignement des langues vivantes*
mathematisch-naturwissenschaftliches ~	Gymnasium *axé sur l'enseignement des mathématiques et des sciences*

H

Habilitation *f*	1. HDR *f* = habilitation *f* à diriger des recherches
~ *ancmt*	2. thèse *f* de troisième cycle
Haftpflichtversicherung *f*	assurance *f* responsabilité civile
Halbjahr *n* ◆ Schulhalbjahr	semestre *m*
Halbjahr(e)szeugnis *n*	bulletin *m* semestriel
Halbtagsschule *f*	*établissement scolaire* m *dans lequel l'enseignement est dispensé jusqu'à 2 heures de l'après-midi (14 heures) au plus tard*
Handapparat *m éc, univ* ◆ Semesterapparat	*ensemble* m *d'ouvrages sélectionnés par les enseignants et pouvant être consultés sur place*
Handout *n* ◆ Thesenpapier	fiche *f* / note *f* de synthèse
Härtefall *m*	cas *m* social grave
Hauptfach *n D univ* *éc*	majeure *f* matière *f* principale, discipline *f* principale

Hauptschulabschluss *m*	*brevet* m *à finalité profes-sionnelle sanctionnant la scolarité dans une* ▶ Hauptschule
Hauptschule *f*	*établissement* m *scolaire du premier cycle du secondaire aboutissant au* ▶ Hauptschulab-schluss; *durée: 5 à 6 ans*
Hauptseminar *n D univ vx*	*séminaire* m *dispensé pen-dant le* ▶ Hauptstudium
Hauptstudium *n univ vx* ▶ Master (▶ *Infokasten* Bologna-Reform)	deuxième cycle d'études (2 ans), *sanctionné par le* ▶ Diplom *ou le* ▶ Magister
Hausarbeit *f univ* ◆ Seminararbeit	mémoire *m;* projet *m* per-sonnel (*travail scienti-fique à rédiger par les étudiants ayant suivi un séminaire*)
Hausaufgaben *fpl*	devoirs *mpl*
Hausaufgabenheft *n*	cahier *m* de textes
Hausmeister/in *m/f*	concierge *m/f* d'école
Hausordnung *f*	règlement *m* intérieur
Hausratversicherung *f*	assurance *f* mobilière
Heimatuniversität *f*	université *f* d'origine/ d'attache

Herausforderung *f*	défi *m*
heterogen	hétérogène
HIWI *m/f* = Wissenschaftliche Hilfskraft *f* ◆ SHK	ATER *m/f* = allocataire/ attaché/e *m/f* temporaire d'enseignement et de recherche
hochbegabt	surdoué/e
Hochschulabschluss *m*	diplôme *m* universitaire
Hochschulassistent/in *m/f*	assistant/e *m/f*
Hochschule *f*	université *f* / établissement *m* d'enseignement supérieur
Hochschulgrad *m* ◆ akademischer Grad *m*	titre *m* universitaire
Hochschullehrer/in *m/f*	enseignant/e *m/f* du supérieur, enseignant-chercheur *m* / enseignante-chercheuse *f*
Hochschulrahmengesetz *n*	loi-cadre *f* de l'enseignement supérieur
Hochschulrat *m*	conseil *m* de surveillance
Hochschulsport *m univ*	SUAPS *m* = service *m* universitaire des activités physiques et sportives
Hochschulstudium *n*	études *fpl* universitaires

Hochschulwesen *n*	enseignement *m* supérieur
homogen	homogène
Hörsaal *m* (*pl*: Hörsäle)	amphithéâtre *m*
Hort *m*, Schulhort *m*	accueil *m* périscolaire
HRK *f* = Hochschulrekto-renkonferenz *f*	CPU *f* = conférence *f* des présidents d'université
hyperaktiv (▶ADHS)	hyperactif/-ive

I

IBS = International Business Studies	LEA *fpl* = langues *fpl* étrangères appliquées
Immatrikulation *f*	inscription *f* administrative
Immatrikulationsbescheinigung *f*	attestation *f* d'inscription
immatrikulieren sich an einer Universität ~	inscrire s'~ à une université
Impfung *f*	vaccination *f*
IMT *n univ* = Zentrum *n* für Informations- und Medientechnologien	médiathèque *f*, pôle *m* multimédia
Individualförderung *f*	suivi *m* personnalisé
Infokasten *m*	encadré *m*
Informationsabend *m*	soirée *f* d'information (*par exemple en vue du choix des langues, du parcours scolaire, de l'organisation de l'établissement scolaire*)
Institut *n*	institut *m*
Internat *n*	internat *n*
Internatsschüler/in *m/f*	interne *m/f*

J

Jahresabschlussprüfung *f*	examen *m* de fin d'année
Jahrgang(sstufe) *f*	promotion *f*
Jahrgangsstufenbeste/r *f/m*	major *m/f* de (la) promotion
Jahrgangsstufenleiter/in *m/f* D	*professeur m/f principal/e responsable d'une promotion de la* ▶ Sek. II
Jahrgangsstufenpflegschaft *f* D	*conseil* m *des parents d'élèves d'une promotion*
Jahrgangsstufensprecher *m/f*	délégué *m* des élèves d'une promotion
jahrgangsstufenübergreifend jahrgangsstufenübergreifender Unterricht *m*	non limité/e à une seule promotion *enseignement regroupant des élèves de différentes promotions*
Job *m*	job *m*
Jobbörse *f*	forum *m* de recrutement

K

Kaltmiete *f* (KM)	(loyer *m*) hors charges
Kanzler/in *m/f*	secrétaire général/e *mf* (*de l'université*)
Kaution *f*	caution *f*
KHG *f* = Katholische Hochschulgemeinde *f D*	association *f* des étudiants catholiques
Kindergarten *m* ◆ Vorschule	école *m* maternelle (▶ *Infokasten*)
Kindergärtner/in *m/f vx* ◆ Erzieher/in	*éducateur* m / *éducatrice* f *ayant suivi une formation pour enseigner dans une structure d'accueil d'enfants* (▶ Hort, Krippe, Kindergarten)
Kindertagesstätte *f* / Kita *f fam*	*terme générique désignant une structure d'accueil pour les jeunes enfants pendant la journée* (▶ Krippe; Hort; Kindergarten)
Kita *f* ▶ Kindertagesstätte	
Klasse *f* eine überfüllte ~ eine ~ überspringen	classe *f* une ~ surchargée sauter une ~
Klassenarbeit *f*	devoir *m* surveillé (DS); interrogation *f* écrite

Klassenbuch *n*	cahier *m* journal
Klassenfahrt *f*	excursion *f*; classe *f* verte; classe de mer / de neige
Klassenkonferenz *f*	conseil *m* de classe
Klassenlehrer/in *m/f*	professeur *m/f* principal/e
Klassenpflegschaft *f*	conseil *m* des parents d'élèves d'une classe
Klassensprecher/in *m/f*	délégué/e *m/f* de classe
Klassenstärke *f*	nombre *m* d'élèves par classe
Klassenzimmer *n*	salle *f* de classe/des cours
Klausur *f* ~ *éc* ~ *univ* Probeklausur *éc, univ* Wiederholungsklausur *univ*	devoir *m* sur table DS *m* = devoir *m* surveillé; épreuve *f* écrite (examen) partiel *m*, examen *m* examen blanc examen de rattrapage
Klausurenplan *m*	planning *m* / calendrier *m* des devoirs surveillés / examens
KMK *f* = Kultusminister-konferenz *D*	*conseil des ministres de l'enseignement des länder*
KN = Kochnische *f*	kitchenette *f*, coin *m* cuisine

Koedukation *f*	mixité *f*
Kolleg *n* Berufskolleg vgl. Berufs- schule	*établissement* m *permettant* *à des adultes de passer le* *bac* (▸ Abendgymnasium) lycée *m* professionnel/ technologique, centre *m* de formation d'ap- prentis
Kolloquium *n*	colloque *m*
kommentiertes Vorlesungs- verzeichnis *n*	programme *m* commenté des cours
Kommilitone *m* / **Kommili- tonin** *f*	camarade *m/f* d'études / de fac
konfessionell konfessionelle Schule *f*	confessionnel/le établissement confes- sionnel *m*
Konfliktbewältigung *f*	gestion *f* des conflits
Konfliktverhalten *n*	comportement *m* en cas de conflit (*entre dans la no- tation scolaire*)
Konrektor/in *m/f*	directeur *m* / directrice *f* d'école primaire adjoint/e
Kontoeröffnung *f*	ouverture *f* d'un compte en banque
Kontonummer *f*	numéro *m* de compte
Konzept *n*	concept *m*

Kooperation *f*	coopération *f*
Kooperationsfähigkeit *f* (= Teamfähigkeit *f*)	aptitude *f* à travailler en groupe (*entre dans la notation scolaire*)
Kooperationsschule *f*	*établissement avec lequel un autre établissement coopère pour élargir le nombre d'options*
Kopfnote *f*	note *f* de vie scolaire
Krankenversicherungskarte *f D* (*wird bald von der* Gesundheitskarte *abgelöst*)	carte *f* vitale
Krankenkasse *f* gesetzliche ~	assurance *f* maladie ≈ Sécurité *f* sociale / Sécu *f fam*
private ~ / private Krankenversicherung *f*	assurance maladie privée
Krippe *f*, Kinderkrippe *f*	crèche *f*
Kulturwissenschaften *fpl univ*	langues *fpl* et cultures; médiation *f* culturelle
Kultusminister/in *m/f* (= Schulminister/in = Minister/in für Schule und Weiterbildung)	ministre *m/f* des affaires culturelles et de l'éducation
Kunst *f éc*; Kunstunterricht *m*	arts *mpl* plastiques
Kuratorium *n univ*	conseil *m* d'administration (CA)

Kurs *m*	cours *m* (suivi); groupe *m* optionnel
Kursabschnitt *m* ◆ Quartal, Trimester	trimestre *m*
Kurssystem *n* (▸ *Infokasten*)	système *m* de cours
Kurzstudiengang *m*	études *fpl* courtes

Das Kurssystem in der Sek. II / Le système de cours dans le second cycle du secondaire

Dans la plupart des länder, le système des classes tradi-tionnelles a été remplacé dans la ▸ *Sekundarstufe II* par un système de cours. À côté d'un certain nombre de matières obligatoires (allemand, mathématiques, ins-truction religieuse, sport), les élèves d'une promotion peuvent choisir des options obligatoires (langue étran-gère, science, science sociale, matière artistique …) et des options (d'autres langues étrangères, sciences, sciences sociales …). Parmi les huit ou neuf cours qu'ils suivent pendant les deux dernières années, il y a deux *Leistungskurse* (cours renforcés à raison de 4 à 5 heures de cours par semaine) et six ou sept *Grundkurse* (cours de base à raison de 2 à 3 heures de cours par semaine). Les notes obtenues au cours de ces deux années comp-tent pour le baccalauréat. Ce système tributaire d'une multitude de conditions étant très compliqué, les élèves sont informés chaque semestre de nouveau de leurs possibilités et des conditions à remplir. Certains länder ont entretemps remplacé le système des *Leistungskur-se/Grundkurse* par un système de *Neigungsfächer* (ma-tières de prédilection) et de *Profilfächer* (matières pro-fil).

L

Land *n* (*pl*: Länder)	land *m* (*État membre de la République fédérale*)
Landschulheim *n* ◆ Schullandheim	
LAZ *n* ▶ Lehrerausbildungszentrum *n D*	
Lebenshaltungskosten *fpl*	coût *m* de la vie
Lebenslauf *m*	CV *m* = curriculum *n* vitae
Lehramt *n*	métier *m* d'enseignant; enseignement *m*
auf ~ studieren *fam*	se destiner à l'enseignement
Lehramtsanwärter/in *m/f*	*professeur m/f stagiaire briguant un poste dans l'enseignement* (*primaire*)
Lehramtskandidat/in *m/f*	*professeur m/f stagiaire briguant un poste dans l'enseignement* (*secondaire*)
Lehramtsprüfung *f*	examen *m* d'aptitude à l'enseignement (*primaire et secondaire*)
Lehramtsstudiengang *m*	filière *f* enseignement
Lehramtsstudium *n*	formation *f* des enseignants du primaire

	(▶*professeurs des écoles*) et du secondaire ▶ CAPE; CAPES; agrégation
Lehrangebot *n*	disciplines *f* proposées / cours *m* proposés
Lehrbeauftragte/r *m/f*	chargé/e de cours *m/f*; vacataire *m/f*
Lehrbefähigung *f*	certificat *m* d'aptitude à l'enseignement
Lehre *f*	enseignement *m*; apprentissage *m*
Lehreinheit *f* ◆ Modul	UE *f* = unité *f* d'enseignement (*ancmt* module *m*)
lehren	enseigner
Lehrende *m/f pl*	enseignants *mpl*
Lehrer/in *m/f*	enseignant/e *m/f*; professeur *m/f*
Lehrerausbildungszentrum *n* (LAZ *D*) (*universitäre Einrichtung zur Organisation und Weiterentwicklung von Lehre und Forschung in der Lehrerausbildung*)	*institution* f *universitaire chargée de l'organisation et du développement de la formation des enseignants*
Lehrerkollegium *n*	corps *m* enseignant
Lehrerkonferenz *f*	1. *conseil* m *de tous les professeurs d'un établissement* 2. *réunion* f *de ce conseil*

Lehrerrat *m*	*conseil composé d'au maximum 5 professeurs représentant leurs collègues vis-à-vis de l'employeur; dans certains länder, il sert d'intermédiaire entre les professeurs et le responsable de l'établissement*
Lehrerschaft *f*	ensemble *m* des professeurs; corps *m* enseignant
Lehrer-Schüler-Relation *f*	taux *m* d'encadrement
Lehrerzimmer *n*	salle *f* des professeurs / des profs *fam*
Lehrgang *m*	stage *m* (de formation)
Lehrkörper *m*	corps *m* enseignant
Lehrkraft *f*	enseignant/e *mf*
Lehrplan *m*	*directives* fpl *émises par chaque land réparties par matières*
Lehrprobe *f*	épreuve *f* pratique (*d'un professeur stagiaire*)
Lehrstuhl *m*	chaire *f*
Lehrveranstaltung *f*	cours *m*
Lehrwerk *n*	manuel *m* (scolaire)

Leistungsbereitschaft *f*	disposition *f* à faire des efforts (*entre dans la notation scolaire*)
Leistungsbewertung *f*	évaluation *f* des compétences
Leistungsdruck *m*	pression *f*, obligation *f* de réussir
Leistungskontrolle *f*	contrôle *m* des connaissances
studienbegleitende ~	contrôle continu
Leistungskurs *m éc* (▶ *Infokasten* Kurssystem)	cours *f* renforcé, option *f* renforcée (*matière dispensée 4 ou 5 heures par semaine, choisie par l'élève selon un schéma imposé par les directives en vigueur dans le land respectif; le Leistungskurs est automatiquement présenté au bac*)
Leistungsnachweis *m* ◆ Schein	justificatif *m* de succès à une ▶ UE = unité *f* d'enseignement (*moyennant une* ▶ Hausarbeit, *un partiel ou un exposé*)
leistungsorientiert	motivé/e; fort/e
Lektor/in *m/f* (Fremdsprachenlektor/in)	lecteur *m* / lectrice *f*
Lernbedingungen *fpl*	conditions *fpl* d'apprentissage

Lern- und Förderempfeh-lung *f*	*conseils donnés aux élèves obligés de passer un examen de rattrapage ou dont le passage dans la classe supérieure est compromis*
lernbehindert	handicapé/e scolairement
Lernbehinderung *f*	(le!) handicap *m* scolaire
lernen	apprendre
Lerngruppe *f*	groupe *m* de révision
lernschwach	faible
Lernstand *m*	niveau *m* de(s) connaissances
Lernstandserhebung *f*	évaluation *f* du niveau (de connaissances) des élèves
Lernziel *n*	objectif *m*
Lesbarkeit *f*	lisibilité *f*
Literaturbestand *m*	fonds *m* de la bibliothèque
LMD-Reform *f* (▶ *Info-kasten* Bologna-Reform)	réforme *f* LMD (*nouvelle organisation des diplômes en vue d'une harmonisation européenne*): licence *f* (bac + 3); master *m* (bac + 5); doctorat *m* (bac + 8)

M

Magister *m* ▶ Diplom *n vx* (▶*Infokasten* Bologna-Reform)	*diplôme* m *sanctionnant 4 ans d'études*
Maklergebühren *fpl*	frais *mpl* d'agence
mangelhaft (*Note*)	médiocre
Master *m*	master *m*
Matrikelnummer *f*	numéro *m* INE = identifiant *m* national étudiant
Medienkompetenz *f*	maîtrise *f* des médias
Medienraum *m*	salle *f* multimédia
Medienwart *m*	(*enseignant*) responsable des médias
Medienwissenschaften *fpl univ*	médiation *f* culturelle et communication *f*
Mediathek *f* ▶ IMT *n*	médiathèque *f* / CDI *m*
Meldebescheinigung *f*	certificat *m* de résidence
Mensa *f*	restaurant *m* universitaire / RU *acr m fam* = Resto U *fam*
Miete *f*	loyer *m*
Mieter/in *m/f*	locataire *m/f*

Mietvertrag *m*	contrat *m* de location, bail *m*
Migrationshintergrund *m* Schüler/in *m/f* mit ~ *pc*	origine *f* non-allemande élève *m/f* issu/e de l'immigration *pc*
Mind Mapping *n*	Mind Mapping *m*, filet *m* à mots
Ministerium *n* für Schule und Weiterbildung	≈ MEN *m* (*au niveau du land*)
Mitbewohner/in *m/f*	colocataire *m* / colocatrice *f*
mitkommen *fam* nicht mehr ~ *fam*	suivre; arriver à suivre être largué/e *fam*; décrocher *fam*
Mitschüler/in *m/f*	camarade *m/f* de classe
Mittlere Reife *f* ◆ Realschulabschluss	*brevet* m *sanctionnant 10 ans de scolarité dans le secondaire*; ≈ DNB *m*
Mittelstufe *f* des Gymnasiums (▶ Sekundarstufe I)	*les quatre dernières années du premier cycle* m *du secondaire (classes 8 à 10) sanctionnées par la* ▶ Mittlere Reife
Mitwirkung *f* ◆ Schulmitwirkung	participation *f*
Mobbing *n*	(le!) harcèlement *m* moral
Modul *n* ◆ Lehreinheit	UE *f* = unité *f* d'enseignement (*ancmt* module *m*)

Motivationsstörung *f pc*	rupture *f* de motivation; perturbation *f* / trouble *m* de la motivation *pc*
ein/e Schüler/in mit ~ *pc*	un/e élève peu motivé/e; un/e élève souffrant de troubles de la motivation *pc*
motiviert	motivé/e
Multiple-Choice-Fragebogen *m*	questionnaire *m* à choix multiple = QCM *m*
mündlich	oral/e
das Mündliche *n*	oral *m* (*pl*: oraux)
Musik *f éc* (Fach)	éducation *f* musicale
Musikraum *m*	salle *f* de musique

Nachhilfe(unterricht) *m* vgl. Förderunterricht	cours *m* particulier; cours de soutien (*donné par une personne compétente et financé par l'élève ou ses parents*)
Nachprüfung *f éc, univ* = Prüfung zur Nachverset- zung *éc*	examen *m* de rattrapage
Nachrückverfahren *n*	admission *f* ultérieure (*ren- due possible par le désis- tement d'autres candidats inscrits sur la liste des re- çus*)
nachweisen (etwas ~)	justifier de qc
NC *m* = Numerus clau- sus *m*	numerus clausus *m* (*restric- tion d'admission à une fi- lière sur la base de la moyenne obtenue au bac- calauréat*)
Nebenfach *n univ* ~ *éc*	mineure *f* matière *f* secondaire, dis- cipline *f* secondaire
Nebenkosten *fpl* (NK)	charges *fpl*
Neigungsfach *n*	matière *f* de prédilection (*matière choisie pour le bac; remplace dans certains länder le*

	▶ *Leistungskurs;* *dispensée 4 heures par semaine)*
Neueinstellung *f*	recrutement *m* d'un nouveau professeur
NN = non nominatum	*expression latine indiquant que le nom de l'enseignant/e n'est pas encore déterminé*
Note *f* ◆ **Zensur** *f*	note *f*

Das deutsche Notensystem / Le système de notation allemand

En Allemagne, les notes (*Noten*) vont de 1 à 6, le 1 étant la meilleure, le 6 la plus mauvaise note. Toutes les notes, excepté le 6, peuvent être nuancées par un + (*plus*) qui veut dire que les performances ont une tendance positive, ou par un – (*minus*) qui indique une tendance négative. À chaque note correspond une appréciation:

1: *sehr gut* (très bien)
2: *gut* (bien)
3: *befriedigend* (satisfaisant)
4: *ausreichend* (passable)
5: *mangelhaft* (médiocre)
6: *ungenügend* (insuffisant)

Le 4 indique que l'élève a atteint la moyenne, le 5 et le 6 signalent des performances au-dessous de la moyenne.

Dans le deuxième cycle du secondaire (*Sek. II*), le ↗

système des notes est complété par un système de 15 points (*Punkte*). Toutefois, chaque point correspond à une note de la façon suivante:

Punkte	Noten
15	1+
14	1
13	1−
12	2+
11	2
10	2−
9	3+
8	3

Punkte	Noten
7	3−
6	4+
5	4
4	4−
3	5+
2	5
1	5−
0	6

À l'université, les précisions (*plus/minus*) sont exprimées par des décimales: un 2+ équivaut à 1,7; un 3− à 3,3.

Notebook *n*, **Laptop** *m*	ordinateur *m* portable; ordi *m fam*
Notendurchschnitt *m*	moyenne *f*
Notensystem *n* (▶ *Infokasten*)	système *m* de notation
Notenübersicht *f* ◆ Prüfungszeugnis	bulletin *m* de notes, relevé *m* de notes
NR = Nichtraucher *m*	non-fumeur *m* / non-fumeuse *f*
NRW = Nordrhein-Westfalen *D*	Rhénanie *f* du Nord-Westphalie (*land*)

Numerus Clausus *m* (NC)   numerus clausus *m* (*restriction d'admission à une filière sur la base de la moyenne obtenue au baccalauréat*)

O

Oberstudiendirektor/in *m/f* éc	≈ proviseur *m/f*; ≈ principal *m/f* (*ultime promotion, supérieure au statut de* ▸ Studiendirektor)
Oberstudienrat *m* / **Oberstudienrätin** *f* éc	*dans le secondaire: professeur chargé/e de certaines fonctions administratives supplémentaires (échelon succédant au statut de* ▸ Studienrat)
Oberstufe *f* des Gymnasiums (▸ Sekundarstufe II)	second cycle *m* du secondaire se terminant par le bac; ≈ lycée *m*
Oberstufenkoordinator/in *m/f*	*enseignant/e m/f chargé/e d'organiser le second cycle du secondaire et d'orienter les élèves*
Oberstufenschüler/in *m/f*	*élève m/f du second cycle du secondaire*; ≈ lycéen/ne *m/f*
OECD *f* = Organization for Economic Cooperation and Development (*Organisation* f *für wirtschaftliche Zusammenarbeit und Entwicklung*)	OCDE *f* = Organisation de coopération et de développement économiques
O-Phase *f* / Orientierungs-Phase *f* D éc, *univ*	phase *f* d'orientation, semaine *f* d'accueil

Ordinarius *m univ*	professeur *m/f* titulaire
Ordnungsmaßnahme *f* ◆ Disziplinarmaßnahme	sanction *f*
Orientierungsstufe *f* ◆ Unterstufe, Erprobungsstufe	cycle *m* d'orientation *du secondaire* (*classes 5 à 6/7*)
Originalzeugnis *n*	original *m* du diplôme
Ortsausleihe *f*	prêt *m* à domicile
Ortskrankenkasse *f*	CPAM *f* = caisse *f* primaire d'assurance maladie
Osterferien *fpl*	vacances *fpl* de Pâques
Overheadprojektor *m*	rétroprojecteur *m*

P

Personal *n* nichtwissenschaftliches ~	personnel *m* ATOS = personnel *m* administratif, technique, ouvrier et de service
Pädagogik *f*	pédagogie *f*
Parallelarbeiten *fpl* ◆ Vergleichsarbeit *f*	*devoirs* mpl *surveillés écrits parallèlement dans plusieurs classes pour contrôler leur niveau*
Partnerarbeit *f*	travail *m* à deux
Partnerschaft *f* Hochschulpartnerschaft Städtepartnerschaft	jumelage *m* ~ universitaire ~ (de villes)
Partnerschule *f*	établissement *m* / école *f* / collège *m* / lycée *m* jumelé/e
Partnerstadt *f*	ville *f* jumelée
Passfoto *n*	photo *f* d'identité
Pate *m* / **Patin** *f D*	*tuteur* m / *tutrice* f *chargé/e de chaperonner l'étudiant étranger récemment arrivé dans l'université d'accueil*
Pennäler/in *m/f fam vx* = Gymnasiast	potache *m*

Penne *f fam* ◆ Gymnasium	bahut *m fam*
Pflichtfach *n*	matière *f* obligatoire
Philologe *m* / **Philologin** *f*	philologue *m/f*; professeur *m/f* de langues et/ou de lettres
Philologenverband *m*	syndicat *m* enseignant (*représentant surtout les enseignants du secondaire*)
Physikraum *m*	salle *f* de physique
PISA *acr* = Programme for International Student Assessment ~-Studie	PISA: *programme* m *d'évaluation comparative des systèmes scolaires menée par l'OCDE* enquête *f* PISA
Plan *m*	planning *m*; calendrier *m*
Planstelle *f*	poste *m* de professeur
Planstelleninhaber/in *m/f*	(professeur) titulaire *m/f* (d'un poste)
politisch korrekt, politically correct politisch korrekte Sprache *f* / Ausdrucksweise *f* (▶ *Infokasten*)	politiquement correct/e le politiquement correct
Portfolio *m*	*classeur-dossier* m *évoquant le parcours scolaire de l'élève*

PowerPoint-Präsentation *f*	présentation *f* PowerPoint
Praktikum *n*	stage *m* (pratique / en entreprise)
Praktikumsbericht *m*	rapport *m* de stage
Praktikumsvereinbarungen *fpl*	convention *f* de stage
Präsenzbenutzung *f*	consultation *f* sur place (*bibliothèque*)

Politisch korrekte Ausdrucksweise / Le politiquement correct

Les Ministères de l'éducation ainsi que les psychologues et pédagogues ont proscrit tous les mots susceptibles de discriminer les élèves et leur comportement. Il est, bien sûr, interdit d'utiliser des expressions négatives comme *schlechte Schüler* (mauvais élèves), car les élèves ne sont pas mauvais en soi, mais ce sont plutôt leurs performances scolaires qui sont insuffisantes. Un élève ne peut pas être *dumm* (bête), pas plus que *schwach* (faible), ou *faul* (paresseux); ces adjectifs pourraient le stigmatiser pour toujours. Les termes qu'on trouve maintenant dans les circulaires et les directives sont par exemple *Entwicklungsverzögerung* (ralentissement du développement intellectuel) ou *Motivationsstörung* (trouble de la motivation), sortes de déséquilibres qui empêchent l'élève en situation d'échec de montrer un talent caché. Celui qui n'a pas envie de travailler renonce à faire des efforts: il fait preuve de *Anstrengungsverzicht*. Les anciens «bons ↗

élèves» (*gute Schüler*) pourraient avoir mauvais caractère; on les qualifie donc de *leistungsorientiert* (orientés vers la performance) ou de *leistungsstark*. Ceux qui respectent le règlement de l'établissement sont *angepasst* (adaptés), et l'adjectif *unangepasst* (inadapté) a remplacé *undiszipliniert* (indiscipliné). Les couches sociales dont les élèves sont issus sont soit *bildungsfern* (éloignées de la culture) soit *bildungsnah* (proches de la culture). Un élève d'origine non-allemande est *ein Schüler mit Migrationshintergrund* (élève issu de l'immigration). L'absentéisme, soit le «séchage» fréquent des cours (*häufiges Schwänzen, fam*), devient dans la presse spécialisée *Schuldistanz* (distance par rapport à l'école). Le terme *Risikoschüler* (élève à risques; autrefois on aurait dit *schwieriger Schüler*) exprime d'une façon générale que l'élève risque d'avoir lui-même des problèmes ou bien d'en causer aux autres.

Präsenzbibliothek *f*	bibliothèque *f* de consultation
Präsidium *n*	présidence *f* (*comprenant le/la président/e, le/la secrétaire général/e et les vice-président(e)s*)
Presse- und Informationsstelle *f*	service *m* de presse et d'information
Privatdozent/in *m/f D univ*	privat-docent *m/f* (*professeur donnant des cours libres sans être titularisé*)

Privatschule *f*	établissement *m* privé
Probealarm *m*	simulation *f* d'alarme
Probeklausur *f*	examen *m* blanc
Prodekan *m*	directeur *m* / directrice *f* adjoint/e *m/f*, vicedoyen/ne *m/f*
Profilfach *n*	matière *f* profil (*matière choisie pour le bac; remplace dans certains länder le* ▶ Leistungskurs; *dispensée 4 heures par semaine*)
Projektgruppe *f*	atelier *m*
Projektunterricht *m*	cours *m* en atelier
Projektwoche *f*	semaine *f* à thèmes
Promotion *f*	doctorat *m*
Promotionsausschuss *m*	jury *m* de soutenance
Proseminar *n univ vx D*	*séminaire* m *dispensé pendant le* ▶ Grundstudium
Protokoll *n* ~ führen	procès *m* verbal; compte *m* rendu rédiger le procès-verbal
Protokollant/in *m/f* = Protokollführer/in *m/f*	*enseignant/e* m/f *chargé/e de faire le compte rendu (d'une conférence, d'un examen oral etc.)*

Prüfer/in *m/f*	examinateur *m* / examinatrice *f*
Prüfung *f*	examen *m*
anonyme ~	~ anonyme
mündliche ~	~ oral (l'oral *m* / les oraux *mpl*)
schriftliche ~	~ écrit (l'écrit *m*)
Abschlussprüfung	~ terminal
Aufnahmeprüfung	~ d'entrée; ▸concours *m*
Nachprüfung	~ de rattrapage
Sprachprüfung	~ de langue
eine ~ bestehen	être reçu/e à un ~
eine ~ nicht bestehen	échouer à un ~ / être ajourné/e à un ~
eine ~ wiederholen	se représenter à un ~
Prüfungsamt *n*	service *m* des examens
Prüfungsangst *f*	peur *f* des examens; stress *m* des exam *fam*
Prüfungsarbeit *f*	copie *f* d'examen
Prüfungsausschuss *m*	jury *m*; comité *m* des examens
Prüfungsfrage *f*	question *f* d'examen
Prüfungskandidat/in *m/f*	candidat/e *m/f* à l'examen
Prüfungstermin *m*	date *f* de l'examen
Prüfungsthema *n*	sujet *m* d'examen
Prüfungsunterlagen *fpl*	documents *mpl* à présenter à l'examen

Prüfungsvorsitzende/r *f/m*	président/e *m/f* du jury
Prüfungszeugnis *n* ◆ Notenübersicht	bulletin *m* de notes, relevé *m* de notes
Psychologe *m* / **Psychologin** *f* ▶ Schulpsychologe	psychologue *m/f*

Q

Qualitätssicherung *f*	garantie *f* de qualité
Qualitätsstandard *m*	*niveau* m *fixé par les instances supérieures (ministères etc.)*
Quartal *n*	trimestre *m*
Quartalsnote *f*	*note* f *attribuée aux élèves à la fin d'un trimestre*
Quereinsteiger/in *m/f*	reconverti/e *m/f (dans une autre filière)*
Querverweis *m*	renvoi *m*
Quote *f* Abbrecherquote Durchfallquote Erfolgsquote	taux *m* ~ d'abandon ~ d'échec ~ de réussite

R

Rangliste *f*	liste *f* d'attente
Rate *f*	taux *m*
Realschulabschluss *m* ◆ Mittlere Reife, Fach- oberschulreife	*brevet* m *sanctionnant 10* *ans de scolarité dans le* *secondaire;* ≈ DNB *m*
Realschule *f*	*établissement* m *scolaire du* *premier cycle du secon-* *daire aboutissant au* ▶ Realschulabschluss; *du-* *rée: 6 ans*
Realschüler/in *m/f*	élève *m/f* d'une ▶ Realschule
Rechtschreibreform *f*	réforme *f* de l'ortho- graphe
Referat *n* ein ~ halten	exposé *m* faire un ~
Referendar/in *m/f*	(professeur) *m/f* stagiaire
Referendariat *n* ◆ Referendarsausbil- dung *f*	*formation* f *des professeurs* *stagiaires (durée: 18 à 24* *mois) comprenant une* *formation théorique dans* *un* ▶ Studienseminar *et* *pratique dans un établis-* *sement scolaire*
Reisepass *m*	passeport *m*

Rekrutierung *f* ◆ Einstellung *f*	recrutement *m*
Rektor/in *m/f univ* ~ *éc*	président/e *m/f* (*de l'université*) directeur *m* / directrice *f* d'école élémentaire
Religionsunterricht *m* (▶*Infokasten*)	instruction *f* religieuse
Richtlinien *fpl*	directives *fpl*

Der Religionsunterricht / L'instruction religieuse

Dans la plupart des *länder* allemands, l'instruction religieuse figure au programme des écoles au même titre que les autres matières enseignées; les cours font partie intégrante de l'emploi du temps. Au baccalauréat, *Religion* (*la matière religion*) peut même remplacer une matière du groupe des sciences sociales (*ein gesellschaftswissenschaftliches Fach*). Il est toutefois possible qu'un élève se fasse dispenser du cours d'instruction religieuse «pour des raisons de conscience» (*aus Gewissensgründen*). Dans ce cas, l'élève est tenu de suivre un cours équivalent, généralement un cours de philosophie (*Ethik*).

Les directives des ministères de l'éducation soulignent la différence entre instruction religieuse et catéchisme. L'enseignement de la religion implique, bien sûr, la connaissance du christianisme et des différentes confessions, mais aussi des religions non-chrétiennes telles que le judaïsme, l'islam, le bouddhisme etc. En outre il prévoit une étude critique des textes ainsi que la discussion sur des problèmes éthiques et sociaux.

Risikoschüler/in *m/f pc*	*élève* m/f *difficile / imprévisible / susceptible de causer des ennuis aux enseignants*
Romanistik *f univ*	philologie *f* romane (*études* fpl *des langues, littératures et civilisations romanes*)
Rückmeldeschluss *m*	date *f* limite de réinscription
Rückmeldung *f*	réinscription *f*
Rundumversicherung *f*	assurance *f* multirisques

Schein *m* ◆ Leistungsnachweis	justificatif *m* de succès à une ▸ UE = unité *f* d'enseignement (*moyennant une* ▸ Hausarbeit, *un partiel ou un exposé*)
schriftlich das Schriftliche *n*	écrit/e les écrits *m*
Schulabgänger/in *m/f D*	élève *m/f* quittant le système scolaire
Schulabschluss *m* ein/e Jugendliche/r ohne ~	diplôme *m* un/e adolescent/e en rupture scolaire *pc*
Schulanfang *m*	rentrée *f* (scolaire)
Schulbesuch *m*	présence *f* à l'école / dans l'établissement scolaire
Schulbezirk *m*	secteur *m* de la carte scolaire
Schulbezirke *mpl*	carte *f* scolaire
Schulbildung *f*	culture *f* acquise à l'école
Schulbuch *n*	manuel *m* (scolaire)
Schulbücherei *f* / Schülerbücherei *f* ◆ Mediathek	CDI *m* = centre *m* de documentation et d'information
Schulbuchausleihe *f*	prêt *m* de manuels scolaires

Schulbus *m*	car *m* scolaire
Schuldistanz *f pc*	absentéisme *m* scolaire
Schule *f*	école *f*; établissement (scolaire) *m*
Schulentwicklung *f*	développement *m* du système scolaire
Schüler/in *m/f*	élève *m/f*
Schüleraustausch *m*	échange *m* scolaire
Schülerausweis *m*	carte *f* d'élève
Schülerrat *m* ◆ Schülervertretung	conseil *m* des délégués d'élèves
Schülerschaft *f*	ensemble *m* des élèves
Schülersprecher/in *m/f*	*délégué/e* m/f *de tous les élèves d'un établissement*
Schülertransport *m*	ramassage *m* scolaire
Schülervertreter/in *m/f*	délégué/e *m/f* d'élèves
Schülervertretung *f* SV ◆ Schülerrat	conseil *m* des délégués d'élèves
Schulferien *fpl*	vacances *fpl* scolaires
Schulform *f*	type *m* d'école/d'établissement
schulformabhängig	dépendant/e du type d'école/d'établissement

schulformunabhängig	indépendant du type d'école/d'établissement
Schulgemeinde *f*	*ensemble* m *de tous les professeurs, élèves et parents d'élèves d'un établissement*
Schulgesetz *n*	loi-cadre *f* sur l'éducation
Schulhalbjahr *n*	semestre *m*
Schulhort *m*	accueil *m* périscolaire
Schulinspektor/in *m/f D*	*inspecteur* m / *inspectrice* f *du ministère de l'éducation de certains länder impulsant la politique éducative dans les établissements*
Schuljahr *n*	année *f* scolaire; classe *f*
Schuljahr(e)sbeginn *m*	rentrée *f* scolaire
Schulkantine *f*	restaurant *f* scolaire; cantine *f* scolaire; self *m*
Schulkonferenz *f*	*conseil* m *composé de professeurs, d'élèves et de parents d'élèves qui décide du développement et des projets de l'établissement*
Schullandheim *n*	*centre* m *d'accueil pour classes vertes et classes de neige*

Schullaufbahn *f*	parcours *m* scolaire
Schulleben *n*	vie scolaire *f*
Schulleiter/in *m/f*	chef *m* d'établissement
Schulleitung *f*	équipe *f* / personnel *m* de direction
Schulminister/in *m/f* (= Minister/in für Schule und Weiterbildung; Kultusminister/in)	ministre *m/f* de l'éducation
Schulmitwirkung *f*	*participation* f *des professeurs, des parents, des élèves à la vie scolaire*
Schulmitwirkungsgesetz *n* *vx* ◆ Schulgesetz	*loi* f *sur la participation à la vie scolaire*
Schulmitwirkungsorgan *n*	*conseil* m / *comité* m *composé de professeurs et/ou de parents et/ou d'élèves responsables du développement, de l'évaluation, des projets et programmes de l'établissement*
Schulordnung *f*	règlement *m* de l'établissement
Schulpartnerschaft *f*	échange *m* entre établissements scolaires
Schulpflegschaft *f éc*	*conseil* m *des délégués des parents d'élèves*
Schulpflicht *f*	scolarité *f* obligatoire

Schulpolitik *f*	politique *f* éducative
Schulprogramm *n*	*programme* m *fixant les objectifs de l'établissement scolaire*
Schulpsychologe *m*, **Schulpsychologin** *f*	COP *acr m/f* = conseiller *m* / conseillère *f* d'orientation psychologue
schulpsychologische Beratungsstelle *f*	cabinet *m* / permanence *f* de ▸ COP
Schulrat *m* / **Schulrätin** *f*	inspecteur *m* / inspectrice *f* (*de l'école élémentaire*)
Schulrecht *n*	code *m* de l'éducation
Schulschwänzer/in *m/f fam*	élève *m/f* qui sèche les cours
Schulsystem *n* (▸ *Infokasten*)	système *m* éducatif/scolaire
Schulträger *m* ◆ Träger	financeur *m* (*d'un établissement*)
Schultüte *f*	*cornet-surprise* m *offert par les parents à leur progéniture le premier jour de l'école élémentaire*
Schulversagen *n*	échec *m* scolaire, décrochage *m fam*
Schulversager/in *m/f*	récidiviste *m/f* de l'échec scolaire

Das deutsche Schulsystem / Le système éducatif allemand

La politique de l'éducation en Allemagne relève de la compétence des *länder* (États membres de la République fédérale). Chaque *land* a son Ministère des affaires culturelles et de l'éducation qui règle le fonctionnement de son système scolaire. Néanmoins, il existe aussi un Ministère fédéral (*das Bundesbildungsministerium*) et la Conférence permanente des ministres des affaires culturelles et de l'éducation (*Ständige Kultusministerkonferenz der Länder*, *KMK*) qui ont pour vocation d'harmoniser la politique éducative du pays. Ce besoin d'harmonisation s'est particulièrement fait sentir après la réunification de l'Allemagne en 1990, car le système éducatif des 5 «nouveaux *länder*» issus de l'ancienne RDA différait sensiblement de celui des 11 «anciens *länder*» de la RFA.

Nous présenterons ici le système scolaire du land le plus peuplé, celui de la Rhénanie du Nord-Westphalie qui nous semble assez représentatif de la réalité allemande.

La scolarité est obligatoire de 6 à 18 ans. L'école primaire dure généralement 4 ans. Les performances des élèves des deux premières années du primaire ne sont pas notées, mais ceux-ci reçoivent des évaluations détaillées.

À la fin du primaire, ils sont orientés vers un des quatre types d'établissements suivants:

– la *Hauptschule*, établissement secondaire du premier cycle (*Sekundarstufe I*) dispensant un enseignement d'une durée de 6 ans qui mène à un examen à finalité professionnelle (*Hauptschulabschluss*) ou, sous certaines conditions, à la ▶*Fachoberschulreife*. Ceux qui quittent la *Hauptschule*, commencent généralement une formation en entreprise tout ↗

en fréquentant une école professionnelle jusqu'à l'âge de 18 ans.
- la *Realschule*, établissement secondaire du premier cycle dispensant un enseignement d'une durée de 6 ans qui donne aux élèves une éducation générale plus complète; elle est sanctionnée par un examen de fin d'études (*Fachoberschulreife*, *Mittlere Reife* ou *Realschulabschluss*) leur permettant de s'engager dans des filières plus spécialisées comme des écoles professionnelles ou d'intégrer le second cycle du *Gymnasium* (voir ci-dessous) conduisant au baccalauréat en 3 ans.
- le *Gymnasium*, établissement secondaire intégrant le premier et le second cycles (*Sekundarstufe I* et *II*) qui mène directement au baccalauréat (*Abitur*) en 8 ans. Les élèves du *Gymnasium* sont obligés d'apprendre au moins deux langues étrangères. Dans la *Sekundarstufe II*, un système de cours remplace, dans la plupart des *länder*, le système traditionnel de classes.
- la *Gesamtschule*, type d'établissement intégrant les trois types d'écoles précédents.

L'orientation vers un des trois premiers types d'établissements s'opère sur recommandation de l'école primaire. Si les parents contestent cette recommandation, l'élève doit se soumettre à un examen d'entrée.

Dans la *Gesamtschule*, la sélection des élèves a lieu plus tard que dans les trois autres types d'établissements. Pour faciliter le passage d'un type d'établissement à l'autre, on a donc créé des passerelles: ainsi, il est possible, de passer de la *Realschule* et même de la *Hauptschule* à la *Sekundarstufe II*, à condition que la moyenne obtenue réponde aux critères d'admission.

Dans certains *länder*, on enregistre une tendance à supprimer la *Hauptschule* et à intégrer les élèves de celle-ci dans la *Realschule*.

Schulverweis *m*	renvoi *m*
letzte Verwarnung vor ~	dernier avertissement *m* avant renvoi définitif
sehr gut (*Note*)	très bien
Sekundarstufe *f* **I** (Sek. I)	premier cycle du secondaire (*classes 5 à 9/10 selon le land*)
Sekundarstufe *f* **II** (Sek. II)	second cycle du secondaire (*classes 10/11 à 12 selon le land*)
Selbstlernzentrum *n*	centre *m* / espace *m* d'auto-apprentissage
Arbeitsplatz *m* in einem ~	station *f* de travail en libre service
Selbstständigkeit *f*	autonomie *f* (*entre dans la notation scolaire*)
Selbststudium *n*	autoapprentissage *m*
Semester *n*	semestre *m*
Sommersemester (SS)	~ d'été
Wintersemester (WS)	~ d'hiver
Urlaubssemester	~ sabbatique
Semesterbeginn *m*	rentrée *f* universitaire
Semesterapparat *m univ*	*ensemble* m *d'ouvrages sélectionnés par les enseignants et pouvant être consultés sur place pendant le semestre*
◆ Handapparat	
Semesterbeitrag *m*	cotisation *f* semestrielle

Semesterferien *fpl*
◆ vorlesungsfreie Zeit

vacances *mpl* universitaires (*période exempte de cours précédant le semestre suivant et consacrée en grande partie à la recherche et à la préparation des cours*)

Semesterticket *n D*

carte f *payante permettant de bénéficier gratuitement des transports en commun et du train dans un périmètre limité*

Seminar *n univ*

séminaire *m* (*groupe de travail dirigé par un/e professeur ou un/e assistant/e*)

Seminararbeit *f univ*
◆ Hausarbeit

projet m *personnel* / *travail* m *scientifique à rédiger par les étudiants ayant suivi un séminaire*

Senat *m*

conseil *m* d'administration (CA)

SHK *f* = Studentische Hilfskraft *f*
◆ HIWI

ATER *m/f* = allocataire/ attaché/e *m/f* temporaire d'enseignement et de recherche

---

sitzen bleiben

redoubler (une classe)

Sitzenbleiber/in *m/f*

redoublant/e *m/f*

Soft Skills / Sekundärtugenden *fpl* (*Kommunika-*

CTC = compétences *fpl* transversales et complé-

tionsfähigkeit, Flexibilität, Teamfähigkeit)	mentaires (*sens de la communication, flexibilité, esprit de corps*)
Sommersemester *n* (SS) *univ*	semestre *m* d'été (*avril à juillet*)
Sonderschule *f*	école *f* spécialisée (*pour élèves atteints d'un handicap*)
Sowi *fpl fam* = Sozialwissenschaften *fpl*	sciences *fpl* sociales *univ*
sozial	social/e
~ schwache Schichten *fpl*	couches *f* sociales défavorisées
~er Brennpunkt	zone *f* / quartier *m* sensible
soziale und kulturelle Kompetenz *f* ▶ Soft Skills	
Sozialfall *m*	cas *m* social
Sozialverhalten *n*	comportement *m* en société
Sozialwissenschaften *fpl* / Sowi *fpl fam*	sciences *fpl* sociales
Sport *m éc*	EPS *f* = éducation physique et sportive
Sporthalle *f* ◆ Turnhalle	gymnase *m*
Sportwissenschaften *fpl* *univ*	STAPS *fpl* = sciences *fpl* et techniques *fpl* des activités physiques et sportives

Sprachkurs *m*	cours *m* de langue
Sprachprüfung *f*	examen *m* de langue
Sprachwissenschaft *f univ*	linguistique *f*; sciences *fpl* du langage
Sprechstunde *f univ*	(heures de) permanence *f* des enseignants (*facilitant le dialogue étudiants-enseignants*)
SS = Sommersemester *univ*	semestre *m* d'été (*avril à juillet*)
s. t. = sine tempore *univ D* (vgl. c.t.)	*abréviation* f *latine informant que le cours commencera à l'heure indiquée*
staatliche Schule *f*	établissement *m* public, école *f* publique
Staatsexamen *n*	examen d'État (*examen final sanctionnant les études d'enseignant, de juriste, de médecin et de pharmacien*)
erstes ~	*examen sanctionnant les études universitaires*
zweites ~	*examen sanctionnant le stage d'environ deux ans qui suit les études universitaires*
Städtepartnerschaft *f*	jumelage *m* (de villes)
Stellvertreter/in *m/f*	remplaçant/e *m/f*

stellvertretender Schulleiter *m* / **stellvertretende Schulleiterin** *f*	adjoint/e *m/f* (*et remplaçant/e*) *m/f* du chef d'établissement
Stiftung *f*	fondation *f* (privée)
Stipendiat/in *m/f*	boursier *m* / boursière *f*
Stipendium ein ~ beantragen ein ~ gewähren	bourse *f* faire une demande de ~ accorder une ~
Strafarbeit *f*	devoir *m* supplémentaire, punition *f*
Student/in *m/f* berufstätige/r ~ ◆ Werkstudent	étudiant/e *m/f* ~ salarié/e
Studentenausweis *m*	carte *f* d'étudiant
Studentenbude *f fam*	piaule *f fam*
Studentenparlament *n* (StuPa *n fam*)	représentants *mpl* des étudiants
Studentenprotest *m*	contestation *f* universitaire
Studentenrat *m*	conseil *m* d'étudiants
Studentensekretariat *n* / Studierendensekretariat *n*	bureau *m* des inscriptions
Studentenverbindung *f*	association *f* d'étudiants (*les associations d'étudiants remontent souvent au XVIIIe siècle; chaque association a son propre*

	hôtel particulier, ses cou- *tumes, son blason et ses* *couleurs; il existe très peu* *d'associations de femmes;* *on reste membre à vie)*
Studentenwerk *n*	œuvres universitaires *fpl* (*fédération* f *des CROUS* *allemands qui gère entre* *autres les restaurants uni-* *versitaires, les résidences* *universitaires*)
Studentenwohnheim *n*	foyer *m* pour/d'étudiants, résidence *f* universitaire
Studienabbruch *m*	abandon *m* des études
studienbegleitende/konti- **nuierliche Leistungskon-** **trolle** *f*	contrôle *m* continu
Studienberater/in *mf*	conseiller *m* / conseillère *f* d'orientation
Studienberatung *f*	SIO *m* = service *m* d'orien- tation et d'information
Studienbescheinigung *f*	certificat *m* de scolarité (*délivré au début de* *chaque semestre*)
Studienbuch *n*	*livret dans lequel* *l'étudiant/e peut classer* *ses* ▶ Scheine
Studiendirektor/in *m/f*	*dans le secondaire:* adjoint/e du

	▶Oberstudiendirektor (*échelon succédant au statut de* ▶ *Oberstudienrat*)
Studienerfolg *m*	réussite *f* aux examens
Studiengang *m* integrierter ~	cursus *m*, filière *f* cursus universitaire intégré
Studiengebühren *fpl*	frais *mpl* de scolarité, droits *mpl* universitaires
Studienjahr *n*	année *f* universitaire
Studienkolleg *n*	*institution publique qui prépare les étudiants étrangers à leurs études en Allemagne*
Studienordnung *f*	réglementation *f* des études
Studienort *m*	lieu *m* des études
Studienortswechsel *m*	changement *m* d'université
Studienplan *m* ◆ Stundenplan	emploi *m* du temps
Studienrat *m* / **Studienrätin** *f éc*	*titre donné à l'enseignant/e du secondaire qui vient d'être titularisé/e;* ≈ *professeur m/f de lycée*
Studienseminar *n D*	*centre* m *de formation pédagogique des futurs enseignants;* ≈ IUFM *m*

studieren	faire des études *fpl*
Mathematik ~	faire des études de mathématiques

Studium *n*	études *fpl*
Jurastudium *n*	~ de droit
Medizinstudium *n*	~ de médecine
Psychologiestudium *n*	~ de psychologie
~ für Ältere, Seniorenuniversität *f*	université *f* du troisième âge

Stunde *f*	heure *f* de cours

Stundendeputat *n*	horaire *m* hebdomadaire de cours

Stundenprotokoll *n*	procès *m* verbal du cours

SV *f* = Schülervertretung *f*	conseil *m* des délégués d'élèves

SWS = Semesterwochenstunden *fpl univ*	heures *fpl* de cours par semaine

T

Tadel *m*	blâme *m*
tagen	tenir conseil *m*
Tag *m* **der offenen Tür**	journée *f* portes ouvertes
Tandempartner/in *m/f*	partenaire *m/f* tandem
Teamgeist *m*	esprit *m* de corps
Technische Hochschule *f* (TH)	≈ IUT *m*
Teiläquivalenz *f*	équivalence *f* partielle
Teilnahmeschein *m*	attestation *f* de participation à un cours
Terminplan *m*	planning *m*; calendrier *m*
TH *f* = Technische Hochschule *f*	école *f* d'ingénieurs (*bac + 3 minimum*); ≈ IUT *m*
Thesenpapier *n* ◆ Handout	fiche *f* / note *f* de synthèse
Träger *m* ◆ Schulträger	financeur *m* (*public ou privé*)
Trägerschaft *f* eine Schule in kirchlicher ~	financement *m* un établissement financé par l'Église
Turnhalle *f* ◆ Sporthalle	gymnase *m*
Tutorium *n*	tutorat *m*

U

UB *f* = Universitätsbiblio-thek *f*	BU *f* = bibliothèque *f* universitaire
überfordert sein	ne pas pouvoir répondre aux exigences, être dépassé/e
Überforderung *f*	incapacité *f* de répondre aux exigences; niveau *m* trop élevé pour certains élèves
Übermittagsbetreuung *f*	encadrement *m* des élèves pendant la pause de midi
überqualifiziert	surqualifié/e, surdiplômé/e
Übersendung *f* der Unter-lagen	transfert *m* de dossier
überspringen eine Klasse ~	sauter ~ une classe
Überweisung *f*	virement *m* bancaire
Übung *f* ~ *univ* sprachpraktische Übun-gen *fpl*	exercice *m* TD *mpl* = travaux *mpl* dirigés TP *mpl* = travaux pra-tiques (*p.ex. cours de lecteurs*)
unangepasst ein/e unangepasste/r Schüler/in *pc*	inadapté/e un élève difficile/indiscipliné

unaufmerksam	distrait/e
ein/e unaufmerksame/r Schüler/in	un/e élève dissipé/e
undiszipliniert	indiscipliné/e
unentschuldigt	non justifié/e
unentschuldigtes Fehlen	absence *f* non justifiée
unentschuldigte Fehlzeiten *fpl*	absences *fpl* non justifiées
ungenügend (*Note*)	insuffisant/e
Universität *f*	université *f*
Gastuniversität	~ d'accueil
Heimatuniversität	~ d'origine/d'attache
Universitätsbibliothek *f*	bibliothèque *f* universitaire
Universitätsgelände *n* ◆ Campus	campus *m*
Universitätskasse *f*	agence *f* comptable
Universitätsmediathek *f* / IMT *n*	médiathèque *f*, CDI *m*
unkündbar	inamovible / à vie
unmotiviert	démotivé/e
Unterkunft *f*	hébergement *m*
Unterlagen *fpl* ▶ Bewerbungsunterlagen	dossier *m* (de candidature)
~ einreichen	déposer un ~
Untermieter/in *m/f*	sous-locataire *m* / sous-locatrice *f*

Untervermietung *f*	sous-location *f*
Unterricht *m* im ~	cours *m*; enseignement *m* en cours; en classe
Unterrichtsreihe *f*	*série* f *de cours successifs portant sur le même sujet*
Unterrichtssprache *f*	langue *f* d'enseignement
Unterrichtsstunde *f*	heure *f* de cours
Unterstufe *f* des Gymnasiums, Orientierungsstufe *f* (▶ Sekundarstufe I)	*les trois premières années du premier cycle* m *du secondaire (classes 5 à 6/7) conçues comme cycle d'orientation*
Urlaubssemester *n*	semestre *m* sabbatique
USB-Stick *m*	clé *f* USB

VB *f* = Verhandlungsbasis	prix *m* à débattre (PAD)
Verantwortungsbereit-schaft *f*	disposition *f* à prendre des responsabilités (*peut entrer dans la notation scolaire*)
Verbindungslehrer/in *m/f* ◆ Vertrauenslehrer/in	*enseignant/e bénéficiant de la confiance des élèves et élu/e par eux*
Vereinbarung *f* nach ~	rendez-vous *m* sur ~ / sur RDV
Verfahren *n*	procédé *m*; méthode *f*
Vergleichsarbeit *f* ◆ Parallelarbeiten	*devoir* m *surveillé écrit parallèlement dans plusieurs classes pour contrôler leur niveau*
verlassen die Schule ~	quitter, abandonner quitter l'école / l'établissement
Vermieter/in *m/f*	propriétaire *m/f*, bailleur *m* / bailleresse *f*
Verpflegung *f*	restauration *f*
versetzt werden	passer dans la classe supérieure
Versetzung *f*	passage *m* dans la classe supérieure

Versetzungskonferenz *f*	conférence *f* de fin d'année (*décidant du passage dans la classe supérieure*)
Versetzungszeugnis *n*	bulletin *m* de fin d'année
Versicherung *f*	assurance *f*
Versicherungsnachweis *m*	attestation *f* d'assurance
Verspätung *f* Zahl/Anzahl *m* der Verspätungen	retard *m* nombre *m* de(s) retards
Verteidigung *f* der Abschlussarbeit	soutenance *f*
Vertiefungsstudium *n*	études *fpl* approfondies
Vertrauenslehrer/in *m/f* ◆ Verbindungslehrer/in	*enseignant/e bénéficiant de la confiance des élèves et élu/e par eux*
Vertretungsplan *m*	planning *m* des remplacements
Vertretungsunterrricht *m*	*remplacement d'un cours assuré par un/e collègue*
Verwaltung *f*	administration *f*
Verweigerungshaltung *f*	attitude *f* de refus
Verweis *m* ~ éc ~ von der Schule (▶Schulverweis)	renvoi *m* (*dans un dictionnaire*) (*sorte de*) blâme *m* exclusion *f*, renvoi *m*

Volkshochschule *f*	université *f* populaire
vollbefriedigend *D*	(*chez les juristes*) mention *f* entre «bien» et «assez bien»
Vordiplom *n* ◆ Zwischen- prüfung *vx* (▸ *Infokasten* Bologna-Reform)	*diplôme sanctionnant 2 ans d'études*
Vorlesung *f* eine ~ besuchen/hören eine ~ halten	cours *m* magistral suivre un cours; assister à un cours donner un cours
vorlesungsfreie Zeit *f* ◆ Semesterferien	*période exempte de cours précédant le semestre sui- vant et consacrée à la re- cherche et à la prépara- tion des cours*
Vorlesungsverzeichnis *n* kommentiertes ~	programme *m* des cours programme *m* commenté des cours (*également ac- cessible en ligne*)
Vorschule *f* ◆ Kindergarten	école *f* maternelle (▸ *Infokasten*)
Vorschulerziehung *f*	enseignement *m* pré-sco- laire/pré-élémentaire
VWL *f* = Volkswirtschafts- lehre *f univ*	économie *f*

Wahlfach *f*	matière *f* optionnelle/facultative; option
Wahlpflichtbereich *f*	domaine *m* des options obligatoires
Wahlpflichtfach *n*	option *f* obligatoire
Waldorfschule *f*	*école privée (primaire et secondaire) proposant une alternative à l'enseignement traditionnel et mettant l'accent sur l'apprentissage artistique et manuel, suivant les théories de Rudolf Steiner*
Wanderfahrt *f* ◆ Schullandheimaufenthalt	classe *f* verte
Warmmiete *f*	(loyer *m*) charges comprises
Warnung *f* ◆ blauer Brief	1. avertissement *m* 2. *lettre adressée aux parents d'un élève pour les avertir que le passage dans la classe supérieure est compromis*
Wartezeit *f*	période *f* d'attente
Warteliste *f*	liste *f* d'attente

Weihnachtsferien *fpl*	vacances *fpl* de Noël
Weiterbildung *f*	formation *f* complémentaire/permanente/continue
weiterführende Schule *f*	établissement *m* d'enseignement secondaire
Weiterstudium *n*	poursuite *f* des études
Werkstudent/in *m/f* ◆ berufstätiger Student	étudiant/e *m/f* salarié/e
Wettbewerbsübernahmeprüfung *f*	concours *m*
WG *f* = Wohngemeinschaft *f* in einer ~ wohnen	colocation *f* vivre en ~
Winterferien *fpl*	vacances *fpl* de février
Wintersemester *n* (WS) *univ*	semestre *m* d'hiver (*octobre à février*)
Wirtschaftswissenschaften *fpl*	SES *fpl* = sciences *fpl* économiques et sociales
Wissenschaftsminister/in *m/f*	ministre *m/f* des recherches et de l'enseignement supérieur
WLAN *n* = Wireless Local Area Network	WiFi *m* = Wireless Fidelity

Wohngeld *n*	allocation *f* logement
~ beantragen	faire la demande de l'allocation logement (*auprès de la* ▶ *CAF*)

Wohnung *f*	appartement *m*

WS *n* = Wintersemester *n*	semestre *m* d'hiver (*octobre à février*)

Z

Zensur *f* ◆ Note	note *f*
Zentralabitur *n*	bac *m* centralisé
zentrale Prüfungen *fpl*	examens *mpl* centralisés

Zeugnis *n*
  Abgangszeugnis
 	
  Halbjahrszeugnis
  Zeugnis(heft)
	bulletin *m*, carnet *m*
	  bulletin de fin de scola-
	  rité
	  bulletin semestriel
	  carnet de notes

Zeugnisausgabe *f*	remise *f* des bulletins
ZH = Zentralheizung *f*	chauffage *m* central
Zimmer *n*	chambre *f*
ZPA *n* = Zentrales Prü- fungsamt *n*	service *m* central des exa- mens
ZSB *f* = Zentrale Studie- rendenberatung *f*	CUIO *f* = cellule *f* universi- taire d'information et d'orientation
Zugriff *m*	accès *m* en ligne
Zulassung *f*	autorisation *f* d'inscription (*dans une université*)
Zulassungsantrag *m*	demande *f* d'admission

Zulassungsbedingungen *fpl*
  die ~ erfüllen
	conditions *fpl* d'admission
	  remplir les ~

Zulassungsbescheid *m*	avis *m* d'admission
Zusammenarbeit *f*	collaboration *f*, coopération *f*
Zusatzstudium *n*	études *fpl* supplémentaires/ complémentaires
Zusatzversicherung *f*	mutuelle *f*
Zuschuss *m*	aide *f* financière
zuverlässig ein/e zuverlässige/r Schüler/in	digne de confiance, fiable, sérieux/-euse un/e élève *m/f* sérieux/ -euse
Zuverlässigkeit *f*	sérieux *m* (*entre dans la notation scolaire*)
ZVS *f* = Zentralstelle *f* für die Vergabe von Studienplätzen *D*	centre m *national d'attribution des places d'études*
zweifach in zweifacher Ausfertigung	double en ~ exemplaire
Zweizimmerwohnung *f*	F2 *m* / T2 *m*
Zwergschule *f*	école *f* à classe unique
Zwischenprüfung *f vx* ◆ Vordiplom (▸ *Infokasten* Bologna-Reform)	diplôme m *sanctionnant 2 ans d'études* (*ancmt DEUG*)

Literaturhinweise   Bibliographie

Amtsblatt des Kultusministeriums
offizielles Blatt der Kultus-
ministerien der Länder, erscheint monatlich

bulletin officiel du ministère
de l'éducation de chaque
land

Bulletin d'information du SUIO
publié par les SUIO de
chaque université française

offizielles Blatt der zentra-
len Studienberatungsstellen
der einzelnen Universitäten

Duden
Deutsches Universalwörter-
buch. Mannheim 2003.

dictionnaire; ouvrage de ré-
férence en matière de morphologie, d'orthographe et
de sémantique

Écoute
mensuel allemand en langue
française

deutsche Monatszeitschrift
in französischer Sprache

L'Étudiant
revue française paraissant
dix fois par an

französische Zeitschrift, erscheint zehnmal jährlich

Le français dans le monde
revue francophone parais-
sant tous les deux mois

französischsprachige Zeitschrift, erscheint sechsmal
jährlich

Le Monde de l'éducation
mensuel français

französische Monatszeit-
schrift

**Infobrief des Deutsch-Franzö-
sischen Jugendwerks**

zweisprachiges Informa-
tionsheft, das in Deutschland und Frankreich er-
scheint

**Lettre d'information de l'Of-
fice franco-allemand pour la
Jeunesse**
bulletin bilingue paraissant
en France et en Allemagne

Orientations magazine

édition de juin/août 2008 avec supplément consacré aux «Métiers de l'enseignement» et numéro spécial «Guide des Métiers et Compétences»

französische Zeitschrift, Ausgabe Juni/August 2008, mit Beilage zu Lehrberufen und Sonderausgabe *Leitfaden durch Berufe und Kompetenzen*

Paris-Berlin

mensuel biculturel franco-allemand

monatlich erscheinende Zeitschrift zur deutsch-französischen Aktualität

Revue de la presse

mensuel donnant une sélection d'articles tirés de la presse française enrichi d'un glossaire franco-allemand

in Deutschland monatlich erscheinende Zeitschrift mit einer Auswahl von Artikeln aus französischen Zeitschriften und deutschsprachigen Worterklärungen

Le nouveau Petit Robert de la langue française

das maßgebliche französische Wörterbuch in Bezug auf Aussprache, Morphologie, Wortbedeutung und -gebrauch; erscheint jedes Jahr in aktualisierter Ausgabe

Internetadressen · Sitographie

www.bildungsportal.bw.de
Schulministerium des Landes Baden-Württemberg

www.bildungsportal-kirche.de
Bildungsprogramm der evangelischen Kirche

www.bmbf.de
Bundesministerium für Bildung und Forschung

www.cfp-France.org
site des centres de formation pédagogique

dbs.schule.de/start.html
Deutscher Bildungsserver (mit Links zu den Bildungsservern der Länder)

www.destatis.de/jetspeed/portal/cms/
Statistisches Bundesamt

www.education.gouv.fr
Ministère de l'Éducation nationale

www.e-orientations.com
guide des métiers et compétences

www.recrut.com
site de la formation par alternance

www.schulministerium.nrw.de
Ministerium für Schule und Weiterbildung des Landes Nordrhein-Westfalen

www.sitecoles.com
site des professionnels de l'enseignement catholique du premier degré

Sprachtraining
mit Reclams Roter Reihe

Discuter en français. Französisch-deutsche Diskussions-
wendungen mit Anwendungsbeispielen. Von Heinz-Otto
Hohmann. 144 S. UB 19716

> Eine Zusammenstellung wichtiger Ausdrücke für jede auf
> Französisch geführte Diskussion. Gegliedert ist das Buch
> in 10 Lerneinheiten wie »Häufig gebrauchte Wendungen«
> oder »Meinungsäußerung«. Auf der linken Seite steht je-
> weils das Französische, rechts die deutsche Übersetzung.
> Zu jeder Wendung folgt ein Beispielsatz. Ein letztes Kapi-
> tel enthält Formulierungen zur Organisation von Konfe-
> renzen und Sitzungen.

Grammatisches Lernlexikon Französisch. Grundlagenwis-
sen alphabetisch mit Beispielen und Kurztests. Von Heinz-
Otto Hohmann. 190 S. UB 19743

> Dieses kleine Lernlexikon bietet, anders als eine traditio-
> nelle Grammatik, durch seine alphabetische Anordnung
> und die Beschränkung auf Grundlagenwissen die Möglich-
> keit, gesuchte Informationen rasch zu finden und sich mit
> Kurztests zu vergewissern, ob man den entsprechenden
> grammatischen Überblick wiedererlangt hat. Beispielmate-
> rial mit deutschen Übersetzungen und eine Übersicht über
> das französische Verbsystem tragen zur vielseitigen Ver-
> wendbarkeit des Lexikons bei.

Blick ins Buch auf unserer Webseite: http://www.reclam.de/

Philipp Reclam jun. Stuttgart